# CUISINERAPIDE

# Asiatique

RECETTES
Farina Wong Kingsley

RÉDACTEUR GÉNÉRAL
Chuck Williams

PHOTOGRAPHIE
Bill Bettencourt

97-B, Montée des Bouleaux, Saint-Constant, Qc, Canada J5A 1A9,
Internet : www.broquet.qc.ca   Courriel : info@broquet.qc.ca
Tél. : 450 638-3338   Téléc. : 450 638-4338

# Table des matières

## 20 MINUTES DU DÉBUT À LA FIN

# À propos de ce livre

Nous sommes plus préoccupés que jamais par ce que nous mangeons. Nous aimons nous asseoir à table devant des plats aussi délicieux que bons pour votre santé. Pourtant, le rythme de nos vies est de plus en plus effréné, ce qui nous laisse moins de temps pour cuisiner. Les mets asiatiques, dont la variété de styles et de saveurs est remarquable, sont une solution idéale pour les chefs occupés d'aujourd'hui.

*Asiatique* de la collection Cuisine rapide prêts a été conçu pour vous permettre de concocter rapidement, et avec un minimum d'efforts, de succulents plats d'inspiration asiatique. Des recettes comme les Crevettes au sel et au poivre ou encore le Bœuf aux mandarines et aux pois mange-tout ne prennent pas plus de 20 minutes à préparer, de la cuisine à la table, alors que d'autres comme les Nouilles de Shanghai au porc et le Ragoût de pois chiches et de pommes de terre au cari exigent moins de 15 minutes de préparation. La plupart des recettes peuvent être servies comme plat principal, tout simplement accompagnées de riz ou de nouilles, ce qui vous permettra de passer moins de temps dans la cuisine et d'apprécier des plats maison.

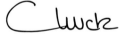

# 20 minutes
## du début à la fin

# Poulet aux noix de cajou

45 ml (3 c. à soupe) de **sauce soja**

15 ml (1 c. à soupe) de **saké** ou de **sherry sec**

10 ml (2 c. à thé) de **gingembre** râpé

500 g (1 lb) de **hauts de cuisse de poulet** désossés, sans peau, coupés en bouchées

5 ml (1 c. à thé) de **sauce Worcestershire**

5 ml (1 c. à thé) d'**huile de sésame**

2,5 ml (½ c. à thé) de **sucre**

1 ml (¼ c. à thé) de **fécule de maïs**

45 ml (3 c. à soupe) d'**huile d'arachide** ou **de maïs**

2 **oignons verts** hachés

170 g (1 tasse) de **noix de cajou** grillées

**Riz vapeur** en accompagnement

DONNE 4 PORTIONS

1 **Faire mariner le poulet**
Dans un grand bol, mélanger ensemble 15 ml (1 c. à soupe) de sauce soja, le vin et le gingembre. Incorporer le poulet pour bien l'enrober et réserver pendant 15 minutes.

2 **Préparer la sauce**
Dans un petit bol, combiner 30 ml (2 c. soupe) d'eau, 15 ml (1 c. à soupe) de sauce soja et la sauce Worcestershire, l'huile de sésame, le sucre et la fécule de maïs, puis mélanger jusqu'à ce que le sucre et la fécule de maïs soient dissous.

3 **Faire sauter le poulet**
Chauffer un wok, ou une grande poêle à frire, jusqu'à ce qu'il soit très chaud, puis mettre 30 ml (2 c. à soupe) d'huile de maïs. Retirer le poulet de la marinade, bien égoutter et jeter la marinade. Ajouter le poulet dans le wok et faire sauter jusqu'à ce qu'il soit opaque, soit environ 3 minutes. À l'aide d'une cuillère à rainures, transférer le poulet dans un bol. Remettre le wok ou la poêle à feu moyen et ajouter 15 ml (1 c. à soupe) d'huile de maïs. Ajouter les oignons verts et faire sauter pendant environ 10 secondes, jusqu'à ce que le mélange embaume. Remettre le poulet dans le wok et ajouter les noix de cajou. Remuer rapidement la sauce, l'ajouter dans le wok et remuer jusqu'à ce qu'elle épaississe légèrement, soit 1 à 2 minutes. Servir avec du riz.

## Astuce du chef

Pour préparer un accompagnement rapide et facile, séparez
500 g (1 lb) de fleurons de brocoli. Amenez une marmite d'eau
salée à ébullition, ajoutez le
brocoli et cuisez jusqu'à ce qu'il
devienne vert vif et qu'il soit
croustillant, mais légèrement tendre. Égouttez, déposez dans un
plat, nappez d'un peu de sauce
soja et de piment ou d'huile de
sésame, et servez.

# Haricots verts frits et porc

## 1 Étuver les haricots

Amener à ébullition une grande marmite d'eau. Ajouter les haricots, étuver pendant 2 minutes et égoutter à l'aide d'une passoire. Passer sous l'eau froide pour stopper la cuisson. Tamponner pour assécher les haricots.

## 2 Préparer la sauce

Dans un petit bol, combiner le bouillon de bœuf, la sauce soja, le vinaigre de riz, la fécule de maïs et le sucre, et mélanger jusqu'à ce que le sucre et la fécule soient dissous.

## 3 Faire sauter les haricots

Chauffer un wok, ou une grande poêle à frire, jusqu'à ce qu'il soit très chaud, puis ajouter l'huile. Ajouter le porc et faire sauter jusqu'à ce qu'il ne soit plus rosé, soit environ 2 minutes. Ajouter le gingembre, l'ail, l'oignon vert et le piment, puis faire sauter pendant environ 10 secondes, jusqu'à ce que le mélange embaume. Ajouter les haricots et remuer pour bien combiner les ingrédients. Remuer rapidement la sauce, ajouter dans le wok et faire sauter les haricots jusqu'à ce qu'ils soient bien réchauffés et que la sauce épaississe, soit environ 1 minute. Servir avec du riz.

500 g (1 lb) de **haricots verts** parés et coupés en bouchées

125 ml (½ tasse) de **bouillon de bœuf**

45 ml (3 c. à soupe) de **sauce soja**

15 ml (1 c. à soupe) de **vinaigre de riz**

5 ml (1 c. à thé) de **fécule de maïs**

2,5 ml (½ c. à thé) de **sucre**

30 ml (2 c. à soupe) d'**huile d'arachide** ou **de maïs**

125 g (¼ lb) de **porc haché** maigre

15 ml (1 c. à soupe) de **gingembre** frais râpé

2 gousses d'**ail** hachées

1 **oignon vert** haché

1 petit **piment jalapeño rouge ou vert,** épépiné et finement haché

**Riz vapeur** en accompagnement

DONNE 4 PORTIONS

13

# Bœuf au gingembre et aux oignons caramélisés

750 g (1 ½ lb) de **filet** ou de **surlonge de bœuf** coupé contre le sens du grain en fines languettes

75 ml (5 c. à soupe) de **sauce soja**

30 ml (2 c. à soupe) de **saké** ou de **sherry sec**

30 ml (2 c. à soupe) de **sauce Worcestershire**

30 ml (2 c. à thé) d'**huile de sésame**

2,5 ml (½ c. à thé) de **sucre**

2,5 ml (½ c. à thé) de **fécule de maïs**

**Poivre** fraîchement moulu

30 ml (2 c. à soupe) d'**huile d'arachide** ou **de maïs**

1 gros **oignon jaune** finement tranché

1 **poivron** orange ou jaune, épépiné et finement tranché (facultatif)

15 ml (1 c. à soupe) de **gingembre** frais râpé

**Flocons de piment rouge** (facultatif)

**Riz vapeur** en accompagnement

**DONNE 4 PORTIONS**

## 1 Faire mariner le bœuf

Dans un grand bol, combiner le bœuf, 15 ml de sauce soja et le vin, et mélanger. Laisser reposer pendant 10 minutes.

## 2 Préparer la sauce

Dans un petit bol, combiner 60 ml (4 c. à soupe) d'eau, 60 ml (4 c. à soupe) de sauce soja et la sauce Worcestershire, l'huile de sésame, le sucre, la fécule de maïs et 5 ml (1 c. à thé) de poivre, puis mélanger jusqu'à ce que le sucre et la fécule de maïs soient dissous.

## 3 Faire sauter les légumes

Chauffer un wok, ou une grande poêle à frire, jusqu'à ce qu'il soit très chaud, puis ajouter 15 ml (1 c. à soupe) d'huile de maïs. Ajouter l'oignon et le poivron, puis faire sauter jusqu'à ce qu'ils caramélisent, soit environ 10 minutes. Déposer le mélange à l'oignon dans une assiette à l'aide d'une cuillère à rainures. Remettre le wok ou la poêle à feu élevé et ajouter 15 ml (1 c. à soupe) d'huile. Ajouter le gingembre et faire revenir jusqu'à ce qu'il embaume, soit environ 10 secondes. Ajouter le bœuf et faire revenir jusqu'à ce qu'il commence à griller, mais soit toujours cru au centre, soit environ 1 minute. Remettre le mélange à base d'oignons dans le wok. Remuer rapidement la sauce, l'ajouter dans le wok et remuer jusqu'à ce qu'elle épaississe légèrement, soit environ 10 secondes. Saupoudrer de flocons de piment rouge, au goût (facultatif). Servir avec du riz.

## Astuce du chef

Achetez du gingembre frais d'apparence ferme et lourd pour sa grosseur. Sa peau doit être lisse, luisante et pâle. À l'aide d'un économe ou du rebord d'une cuillère, pelez-le avant de le couper ou de le râper, comme l'indique la recette. Vous pouvez utiliser de nombreux ustensiles pour râper le gingembre, dont le zesteur-râpe (une râpe plate à très petits trous) ou le côté le plus fin d'une râpe à fromage carrée.

## Astuce du chef

La viande doit être très finement
tranchée pour réaliser cette recette. Demandez à votre boucher
de trancher le bœuf pour vous
avec sa trancheuse. Si vous le
faites vous-même, déposez la
pièce de viande au congélateur
pendant au moins 30 minutes et
jusqu'à une heure, puis tranchez.

# Sukiyaki de bœuf et nouilles

**1** Préparer le liquide à braiser
Dans un bol, combiner 60 ml (¼ tasse) d'eau et la sauce soja, le mirin, le saké et le sucre, puis mélanger jusqu'à ce que le sucre soit dissous.

**2** Faire sauter les légumes
Chauffer un wok, ou une grande poêle à frire, à feu élevé, puis ajouter l'huile. Ajouter les oignons jaunes et faire sauter jusqu'à ce qu'il soit tendre, pendant environ 3 minutes. Ajouter les champignons et faire revenir pendant environ 1 minute. Ajouter le chou et faire sauter jusqu'à ce qu'il se flétrisse et que les champignons soient amollis, soit environ 2 minutes.

**3** Braiser les légumes et le bœuf
Régler le feu à intensité moyenne, verser le liquide à braiser sur les légumes et faire mijoter doucement. Incorporer les nouilles et le bœuf, et laisser mijoter pendant environ 3 minutes. Transférer sur un plateau, garnir d'oignons verts, et servir.

250 ml (1 tasse) de **sauce soja** faible en sodium

125 ml (½ tasse) de **mirin**

125 ml (½ tasse) de **saké**

30 ml (2 c. à soupe) de **sucre**

30 ml (2 c. à soupe) d'**huile d'arachide** ou **de maïs**

1 **oignon jaune** finement tranché

250 g (½ lb) de champignons **shiitakes,** les tiges enlevées et les têtes finement tranchées

½ gros **chou nappa** effiloché

185 g (6 oz) de **vermicelles de haricot vert** (nouilles) trempés dans suffisamment d'eau chaude pour les recouvrir, pendant 15 minutes, et égouttés

500 g (1 lb) de **surlonge de bœuf** très finement tranchée contre le sens du grain

2 **oignons verts** finement tranchés

DONNE 4 PORTIONS

17

# Thon en croûte de sésame sur laitue

15 ml (1 c. à soupe) de
**gingembre** frais, râpé

2 **oignons verts**
finement tranchés

30 ml (2 c. à soupe)
de **vinaigre de riz**

15 ml (1 c. à soupe)
de **sauce soja**

30 ml (2 c. à soupe)
de **jus d'orange** frais

5 ml (1 c. à thé) de
**miel** (facultatif)

5 ml (1 c. à thé)
d'**huile de sésame**

60 ml (¼ tasse) d'**huile
d'arachide** ou **de maïs,**
plus 5 ml (1 c. à thé)

1 **orange**

500 g (1 lb) de **darnes de
thon** de qualité sushi, de
2,5 cm (1 po) d'épaisseur

**Sel**

30 ml (2 c. à soupe) de
**graines de sésame**

155 g (5 oz) de **jeunes
pousses de laitues mélan-
gées** ou de **roquette**

DONNE 4 PORTIONS

## 1 Préparer la vinaigrette

Dans un petit bol, fouetter ensemble le gingembre, les oignons verts, le vinaigre, la sauce soja, le jus d'orange, le miel, l'huile de sésame et 30 ml (2 c. à soupe) d'huile de maïs. Réserver. Pour segmenter l'orange, couper une tranche du haut et du bas, puis déposer l'orange debout. En suivant le contour de l'orange, couper vers le bas, le long de la chair, puis détacher les quartiers et les déposer dans un grand bol.

## 2 Saisir le thon

Chauffer une poêle à fond cannelé ou une poêle antiadhésive à feu élevé, jusqu'à ce qu'elle soit très chaude. Pendant ce temps, enduire le thon de 5 ml (1 c. à thé) d'huile de maïs, des deux côtés. Saupoudrer une pincée de sel de chaque côté. Saupoudrer uniformément des graines de sésame sur une assiette. Déposer le thon sur les graines de sésame et appuyer fermement pour les faire adhérer, jusqu'à ce qu'il soit uniformément enrobé. Retourner le poisson et répéter de l'autre côté. Ajouter les 30 ml (2 c. à soupe) d'huile restants dans la poêle, puis ajouter le poisson. Saisir, en le tournant une fois, jusqu'à ce qu'à ce qu'une croûte croustillante et brun doré se forme, soit pendant environ 2 minutes de chaque côté. Transférer dans une assiette et réfrigérer pendant 10 minutes.

## 3 Assembler la salade

Trancher le thon contre le sens du grain en morceaux de 12 mm (½ po) d'épaisseur. Déposer les jeunes pousses de laitue dans le bol avec les segments d'orange, napper de la moitié de la vinaigrette et remuer pour enrober uniformément. Déposer la salade dans un plateau ou dans des assiettes, garnir de thon et napper du reste de la vinaigrette.

## Astuce du chef

Plusieurs types de nouilles asiatiques doivent être reconstitués
dans l'eau chaude avant la con-
sommation. Déposez les nouilles
dans un grand bol, ajoutez de
l'eau chaude pour les recouvrir,
placez une assiette sur les nouilles pour les garder submergées
et laisser reposer 15 minutes.

# Poulet à la sauce aux d'arachides

### 1 Préparer la sauce aux arachides

Au mélangeur, combiner 60 ml (¼ tasse) d'eau chaude, le beurre d'arachide, la sauce soja, le vinaigre de riz, l'huile de sésame, la pâte de piment et le sucre. Réduire en une sauce lisse. Si la sauce est trop épaisse, ajouter 15 ml (1 c. à soupe) d'eau chaude.

### 2 Cuire les nouilles

Amener à ébullition une grande marmite d'eau. Plonger les nouilles reconstituées dans l'eau pendant 5 secondes, puis égoutter immédiatement. Redéposer les nouilles égouttées dans la marmite, ajouter les épinards et l'huile de maïs, puis mélanger doucement pour bien répartir les ingrédients.

### 3 Assembler et servir

Dans un bol, mélanger le poulet déchiqueté avec la moitié de la sauce aux arachides. Transférer les nouilles dans un grand bol ou un plateau de service et parsemer de poulet. Garnir d'arachides et de coriandre. Déposer le reste de sauce aux arachides sur la table.

45 ml (3 c. à soupe) de **beurre d'arachide** crémeux

45 ml (3 c. à soupe) de **sauce soja**

45 ml (3 c. à soupe) de **vinaigre de riz**

30 ml (2 c. à soupe) d'**huile de sésame**

2,5 ml (½ c. à thé) de **pâte de piment**

1 ml (¼ c. à thé) de **sucre**

250 g (½ lb) de **vermicelles de riz** ou de **nouilles de riz sèches**, recouverts d'eau chaude pendant 15 minutes, puis égouttés

250 g (½ lb) de **jeunes pousses d'épinard**

15 ml (1 c. à soupe) d'**huile d'arachide** ou **de maïs**

280 g (1 ½ tasse) de **poulet cuit maison** (page 80) ou du commerce, déchiqueté

15 ml (1 c. à soupe) d'**ara-chides grillées,** hachées

45 ml (3 c. à soupe) de **coriandre** fraîche, hachée

DONNE 4 PORTIONS

# Crevettes au piment et à l'ail

90 ml (6 c. à soupe) de **sauce soja**

60 ml (¼ tasse) de **vinaigre de riz**

20 ml (4 c. à thé) d'**huile de sésame**

60 g (½ tasse) de **ketchup**

10 ml (2 c. à thé) de **sucre**

10 ml (2 c. à thé) de **fécule de maïs**

45 ml (3 c. à soupe) d'**huile d'arachide** ou **de maïs**

1 kg (2 lb) de grosses **crevettes** crues, décortiquées et déveinées

30 ml (2 c. à soupe) de **gingembre** frais, râpé

4 gousses d'**ail** hachées

1 **piment jalapeño** rouge ou vert, épépiné et haché

6 **oignons verts** finement tranchés

**Riz vapeur** en accompagnement

**DONNE 4 PORTIONS**

## 1 Préparer la sauce

Dans un petit bol, combiner 90 ml (6 c. soupe) d'eau, la sauce soja, le vinaigre, l'huile de sésame, le ketchup, le sucre et la fécule de maïs, puis mélanger jusqu'à ce que le sucre et la fécule de maïs soient dissous.

## 2 Faire sauter les crevettes

Chauffer un wok, ou une grande poêle à frire, jusqu'à ce qu'il soit très chaud, puis ajouter 30 ml (2 c. à soupe) d'huile de maïs. Ajouter les crevettes et saisir, en les tournant une fois, jusqu'à ce qu'à ce qu'elles soient brunies des deux côtés, soit pendant environ 1 minute de chaque côté. À l'aide d'une cuillère à rainures, transférer les crevettes dans un bol. Remettre dans le wok ou la poêle à feu élevé et ajouter 15 ml (1 c. à soupe) d'huile. Ajouter le gingembre, l'ail, le piment et deux tiers des oignons verts, puis faire sauter pendant environ 10 secondes, jusqu'à ce que le mélange embaume. Remuer rapidement la sauce, l'ajouter dans le wok et remuer jusqu'à ce qu'elle commence à bouillonner. Ajouter immédiatement les crevettes et faire sauter jusqu'à ce que les crevettes soient opaques et que la sauce ait légèrement épaissi, soit environ 1 minute. Transférer sur un plateau, garnir du reste des oignons verts et servir avec du riz.

## Astuce du chef

Pour créer un accompagnement simple, chauffer 15 ml (1 c. à soupe) d'huile de maïs dans un wok, à feu élevé. Ajouter 1 gousse d'ail

écrasée et 2 tranches de gingembre. Faire sauter pendant environ 10 secondes. Ajouter 500 g (1 lb) de pois mange-tout, faire sauter pendant 1 à 2 minutes, puis ajouter 45 ml (3 c. à soupe) d'eau et 15 à 30 ml (1 à 2 c. à soupe) de sauce soja. Couvrir et cuire à feu moyen jusqu'à que les pois soient croustilants, mais tendres, soit environ 1 minute. Napper d'huile de sésame et servir.

## Astuce du chef

Pour gagner du temps, demandez
une portion supplémentaire de
riz lorsque vous commandez des
mets chinois, ou préparez-en une
double portion lorsque vous en
faites cuire, et gardez-le pour une
utilisation ultérieure. Réchauffez-
le au micro-ondes et utilisez-le
pour préparer un riz frit.

# Riz frit au crabe

**1** Préparer la sauce

Dans un petit bol, combiner la sauce soja, le vinaigre, l'huile de sésame, le sucre et une pincée de poivre blanc, puis mélanger jusqu'à ce que le sucre soit dissous.

**2** Faire sauter le riz

Chauffer un wok ou une grande poêle à frire antiadhésive, jusqu'à ce qu'il soit très chaud, puis ajouter l'huile de maïs. Ajouter le gingembre, l'ail et l'oignon vert, puis faire sauter pendant environ 5 secondes, jusqu'à ce que le mélange embaume. Ajouter le riz et faire sauter jusqu'à ce qu'il soit chaud, soit environ 5 minutes. Former un petit puits au centre du riz de façon à exposer le fond de la poêle. Ajouter les œufs dans le puits et faire revenir pour bien les incorporer au riz. Une fois les œufs bien cuits, ajouter la chair de crabe, les pois et la sauce, puis faire revenir jusqu'à ce que les ingrédients soient bien combinés et chauds, soit 2 à 3 minutes. Transférer sur un plateau et servir.

60 ml (¼ tasse) de **sauce soja**

22,5 ml (1 ½ c. à soupe) de **vinaigre de riz**

5 ml (1 c. à thé) d'**huile de sésame**

2,5 ml (½ c. à thé) de **sucre** (facultatif)

**Poivre blanc**

30 ml (2 c. à soupe) d'**huile d'arachide** ou **de maïs**

15 ml (1 c. à soupe) de **gingembre** frais, râpé

3 gousses d'**ail** hachées

3 **oignons verts** finement tranchés

625 g (4 tasses) de **riz blanc vapeur** chaud

2 **œufs** battus

250 g (½ lb) de **chair de crabe** fraîche dont les fragments de carapace ont été éliminés

155 g (1 tasse) de **petits pois** congelés

DONNE 4 PORTIONS

# Bœuf à l'orange et aux pois mange-tout

500 g (1 lb) de **filet** ou de **surlonge de bœuf** coupé contre le sens du grain en fines languettes

30 ml (2 c. à soupe) de **sauce soja**

45 ml (3 c. à soupe) de **jus d'orange** ou de **tangerine** frais

30 ml (2 c. à soupe) de **saké** ou de **sherry** sec

30 ml (2 c. à soupe) de **sauce hoisin**

5 ml (1 c. à thé) d'**huile de sésame**

2,5 ml (½ c. à thé) de **fécule de maïs**

45 ml (3 c. à soupe) d'**huile d'arachide** ou **de maïs**

2 gousses d'**ail** hachées

15 ml (1 c. à soupe) de **gingembre** frais, râpé

125 g (¼ lb) de **pois mange-tout** parés et coupés en deux

**Riz vapeur** en accompagnement

DONNE 4 PORTIONS

1 **Faire mariner le bœuf**
Dans un grand bol, combiner le bœuf et la sauce soja ; mélanger bien et réserver pendant 10 minutes.

2 **Préparer la sauce**
Dans un petit bol, combiner 30 ml (2 c. soupe) d'eau et le jus d'orange ou de tangerine, le vin, la sauce hoisin, l'huile de sésame et la fécule de maïs, puis mélanger jusqu'à ce que la fécule de maïs soit dissoute.

3 **Faire sauter le bœuf**
Chauffer un wok, ou une grande poêle à frire, jusqu'à ce qu'il soit très chaud, puis ajouter 30 ml (2 c. à soupe) d'huile de maïs. Ajouter l'ail, le gingembre et le bœuf, puis faire sauter jusqu'à ce qu'il soit bruni, pendant environ 2 minutes. À l'aide d'une cuillère à rainures, transférer la viande dans un bol. Remettre dans le wok à feu élevé et ajouter 15 ml (1 c. à soupe) d'huile. Ajouter les pois mange-tout et faire sauter jusqu'à ce qu'ils soient tendres, pendant environ 2 minutes. Remuer rapidement la sauce, l'ajouter dans le wok et remuer jusqu'à ce qu'elle épaississe légèrement, soit environ 10 secondes. Remettre la viande dans le wok et réchauffer pendant environ 1 minute. Servir avec du riz.

## Astuce du chef

Le riz au jasmin est une variété
à grain long qui provient de la
Thaïlande. On l'apprécie pour ses
qualités aromatiques, sa douce
saveur de noix et ses longs grains
très minces qui sont légers et
légèrement collants une fois cuits
vapeur. Le riz au jasmin le plus
raffiné tire ses origines du nord
de la Thaïlande. Recherchez-le
dans les supermarchés et les
épiceries asiatiques.

# Saumon saisi au basilic

**1** Préparer la sauce au piment et à l'ail
Dans le mélangeur, combiner 15 ml (1 c. à soupe) d'eau avec l'ail, le piment, l'oignon vert et la coriandre. Ajouter le basilic et réduire jusqu'à l'obtention d'une pâte

**2** Préparer la sauce
Dans un petit bol, combiner 30 ml (2 c. soupe) d'eau, la sauce de poisson, le jus de lime et le sucre, puis mélanger jusqu'à ce que le sucre soit dissous. Chauffer 30 ml (2 c. à soupe) d'huile dans une petite poêle à frire à feu moyen. Ajouter la pâte de piment et d'ail et faire revenir jusqu'à ce que le mélange embaume, soit environ 1 à 2 minutes. Incorporer le mélange à base de sauce de poisson et laisser mijoter pendant 2 minutes, le temps de marier les saveurs. Gardez au chaud.

**3** Saisir le saumon
Assaisonner chaque filet de poisson d'une pincée de sel et de poivre. Chauffer 15 ml (1 c. à soupe) d'huile dans une grande poêle à frire à feu élevé. Ajouter le saumon et saisir, en le tournant une fois, jusqu'à ce qu'à ce qu'il soit brun doré à l'extérieur et légèrement cru au centre, soit pendant environ 2 minutes de chaque côté. Transférer le saumon sur un plateau ou dans des assiettes et napper de sauce chaude. Servir avec du riz.

2 gousses d'**ail** grossièrement hachées

1 **piment jalapeño vert** grossièrement haché

3 **oignons verts** hachés

45 ml (3 c. à soupe) de **coriandre** fraîche, hachée

10 g (¼ tasse) de **basilic** frais (de préférence, basilic thaï), haché

30 ml (2 c. à soupe) de **sauce de poisson**

Jus de ½ **lime** fraîche

5 ml (1 c. à thé) de **sucre**

45 ml (3 c. à soupe) d'**huile d'arachide** ou **de maïs**

4 **filets de saumon,** environ 750 g (1 ½ lb) au total

**Sel et poivre** fraîchement moulu

**Riz vapeur** en accompagnement

DONNE 4 PORTIONS

# Tofu épicé et pois

60 ml (¼ tasse) de **sauce aux huîtres**

60 ml (¼ tasse) de **sauce soja**

60 ml (¼ tasse) de **vinaigre de riz**

10 ml (2 c. à thé) de **concentré de tomate** ou de **sauce piquante**

10 ml (2 c. à thé) d'**huile de sésame**

10 ml (2 c. à thé) de **sucre**

5 ml (1 c. à thé) de **fécule de maïs**

60 ml (¼ tasse) d'**huile d'arachide** ou **de maïs**

30 ml (2 c. à soupe) de **gingembre** frais, râpé

4 gousses d'**ail** hachées

1 kg (2 lb) de **tofu** ferme, égoutté et coupé en bouchées

155 g (1 tasse) de **petits pois** congelés

**Riz vapeur** en accompagnement

**DONNE 4 PORTIONS**

**1** Préparer la sauce

Dans un petit bol, combiner 60 ml (¼ tasse) d'eau, la sauce aux huîtres, la sauce soja, le vinaigre, la sauce piquante, l'huile de sésame, le sucre et la fécule de maïs, puis mélanger jusqu'à ce que le sucre et la fécule de maïs soient dissous.

**2** Faire sauter le tofu

Chauffer un wok, ou une grande poêle à frire, à feu très élevé, puis ajouter l'huile. Ajouter le gingembre et l'ail, puis faire sauter pendant environ 5 secondes, jusqu'à ce que le mélange embaume. Régler à feu moyen, verser la sauce et ajouter le tofu. Faire revenir jusqu'à ce que la sauce épaississe légèrement, pendant environ 1 minute. Ajouter les pois et poursuivre la cuisson jusqu'à ce que tout soit bien réchauffé, pendant 1 minute de plus. Servir avec du riz.

## Astuce du chef

Le tofu est offert en trois versions : soyeux, mou et ferme, selon la quantité d'eau qu'il contient. Le tofu soyeux, qui ressemble à de la crème anglaise, est une spécialité du Japon. Traditionnellement, on le mange avec un trait de sauce soja et des oignons verts, mais il est aussi très pratique pour faire des sauces et des plats à base de purée. Le tofu mou est souvent ajouté aux soupes et aux plats cuits vapeur, alors que le tofu ferme est parfait pour les sautés.

## Astuce du chef

Cette soupe peut être préparée
une journée à l'avance. Laissez
refroidir, transférez dans un contenant hermétique et rangez au
réfrigérateur ; réchauffez tout
juste avant de servir. Vous pouvez
aussi la congeler pendant un
maximum de trois mois. Décongelez toujours au réfrigérateur.

# Soupe aigre-piquante au porc

**1** Préparer l'assaisonnement pour la soupe
Dans un petit bol, combiner la sauce soja, la sauce Worcestershire, le vinaigre, l'huile de sésame, la fécule de maïs et le sucre, et mélanger jusqu'à ce que le sucre et la fécule soient dissous.

**2** Cuire la soupe
Chauffer l'huile de maïs dans un wok ou une grande poêle à frire, à feu élevé. Ajouter le gingembre et tous les oignons verts sauf 5 ml (1 c. à thé), puis faire sauter pendant environ 5 secondes, jusqu'à ce que le mélange embaume. Ajouter le porc et les champignons, et faire sauter jusqu'à ce que le porc soit opaque, environ 1 minute. Incorporer le bouillon de poulet, amener à ébullition et réduire à feu bas. Remuer rapidement l'assaisonnement, ajouter à la soupe, bien remuer et laisser mijoter jusqu'à ce que la soupe commence à épaissir légèrement, soit 5 minutes. Verser dans des bols, garnir des oignons verts réservés et servir.

90 ml (6 c. à soupe) de **sauce soja**

45 ml (3 c. à soupe) de **sauce Worcestershire**

30 ml (2 c. à soupe) de **vinaigre de riz**

15 ml (1 c. à soupe) d'**huile de sésame**

2,5 ml (½ c. à thé) de **pâte de piment**

5 ml (1 c. à thé) de **fécule de maïs**

5 ml (1 c. à thé) de **sucre** (facultatif)

30 ml (2 c. à soupe) d'**huile d'arachide** ou **de maïs**

30 ml (2 c. à soupe) de **gingembre** frais, râpé

3 **oignons verts** finement tranchés

250 g (½ lb) de **longe** ou de **filet de porc** finement tranchée contre le sens du grain et coupée en petites lanières

185 g (6 oz) de **shiitakes** ou de **champignons de Paris,** les tiges enlevées et les têtes finement tranchées

1,5 l (6 tasses) de **bouillon de poulet**

DONNE 4 PORTIONS

33

# Katsu de porc japonais

15 ml (1 c. à soupe) de **sauce soja**

15 ml (1 c. à soupe) de **mirin** ou de **saké**

15 ml (1 c. à soupe) de **sauce Worcestershire**

45 ml (3 c. à soupe) de **ketchup**

2,5 ml (½ c. à thé) de **moutarde forte**

4 **escalopes de porc,** environ 750 g (1 ½ lb) au total

1 **œuf**

30 ml (2 c. à soupe) de **farine**

125 g (1 tasse) de ***panko*** ou de **chapelure fine**

**Sel et poivre** fraîchement moulu

60 ml (¼ tasse) d'**huile d'arachide** ou **de maïs**

**Riz vapeur** en accompagnement

DONNE 4 PORTIONS

## 1 Préparer la trempette

Dans un bol, mélanger ensemble 15 ml (1 c. à soupe) d'eau chaude et la sauce soja, le mirin, la sauce Worcestershire, le ketchup et la moutarde.

## 2 Préparer le porc

Un morceau à la fois, déposer le porc entre deux feuilles de papier ciré ou de pellicule plastique et le frapper au pilon pour atteindre une épaisseur de 6 mm (¼ po). Battre légèrement les œufs dans un bol peu profond. Saupoudrer la farine et le *panko* dans deux assiettes distinctes. Assaisonner la farine d'une pincée de sel et de poivre. Juste avant de faire sauter, saler les deux côtés des escalopes, les déposer dans la farine, puis dans l'œuf et finalement dans le *panko,* les enrobant uniformément et les écrasant dans le *panko* avec vos doigts pour qu'il adhère bien.

## 3 Poêler le porc

Chauffer une grande poêle à frire antiadhésive, à feu moyen-élevé, puis ajouter l'huile. Ajouter les escalopes et poêler, en les tournant une fois, jusqu'à ce qu'à ce qu'elles soient grillées des deux côtés, et tout juste opaques au centre, soit pendant environ 5 minutes de chaque côté. Transférer les escalopes sur du papier essuie-tout pour les égoutter légèrement, puis les couper contre le sens du grain en lanières de 12 mm (½ po) d'épaisseur. Servir avec la trempette et du riz.

## Astuce du chef

Le katsu de porc, un aliment de base de la cuisine japonaise, est traditionnellement servi avec une simple salade de chou râpé. Faites tremper 280 g (3 tasses) de chou râpé dans l'eau froide pendant 15 minutes, puis égouttez bien. Transférez dans un bol et mélangez avec du jus de citron ou du vinaigre de riz. Servez avec le porc et le riz.

## Astuce du chef

Si vous ne trouvez pas de *panko* —
cette délicate chapelure japonaise, vous pouvez faire et
stocker votre propre chapelure.
Réduisez au robot culinaire des
tranches de pain de la veille de
bonne qualité. Étendez sur une
plaque à pâtisserie et grillez au
four à 120 °C (250 °F) pendant
10 à 15 minutes. Réduisez de
nouveau pour obtenir une chapelure plus fine. Conservez au
congélateur, dans un contenant
hermétique, pendant un maximum de 2 mois.

# Sole poêlée aigre-douce

## 1 Préparer la sauce

Dans une petite casserole, à feu moyen, combiner 60 ml (¼ tasse) d'eau, le vinaigre, la sauce soja, le ketchup, l'huile de sésame, le sucre et la fécule de maïs. Faire mijoter doucement en remuant à l'occasion, jusqu'à ce que la sauce épaississe, soit environ 1 minute. Garder au chaud.

## 2 Préparer le poisson

Dans un bol peu profond, battre légèrement l'œuf. Saupoudrer la farine et le *panko* dans deux assiettes distinctes. Assaisonner la farine d'une pincée de sel et de poivre. Juste avant de poêler, saler les deux côtés des filets, les déposer dans la farine, puis dans l'œuf et finalement dans le *panko*, les enrobant uniformément et les écrasant fermement dans le *panko* avec vos doigts pour qu'il adhère bien.

## 3 Poêler le poisson

Chauffer une grande poêle à frire antiadhésive à feu élevé, puis ajouter l'huile. Ajouter le poisson et poêler, en le tournant une fois, jusqu'à ce qu'il soit brun doré des deux côtés, soit environ 3 à 4 minutes de chaque côté. Transférer les filets sur du papier essuie-tout pour les égoutter légèrement, puis servir avec la sauce.

15 ml (1 c. à soupe) de **vinaigre de riz**

15 ml (1 c. à soupe) de **sauce soja**

45 ml (3 c. à soupe) de **ketchup**

5 ml (1 c. à thé) d'**huile de sésame**

15 ml (1 c. à soupe) de **sucre**

2,5 ml (½ c. à thé) de **fécule de maïs**

1 **œuf**

30 ml (2 c. à soupe) de **farine**

125 g (1 tasse) de **panko** ou de **chapelure fine**

**Sel et poivre** fraîchement moulu

4 **filets de sole** ou de **plie de Californie**, environ 750 g (1 ½ lb) au total

45 ml (3 c. à soupe) d'**huile d'arachide** ou de **maïs**

DONNE 4 PORTIONS

# Bœuf thaï au cari rouge

250 ml (1 tasse) de **lait de coco non sucré**

60 ml (¼ tasse) de **sauce de poisson**

30 ml (2 c. à soupe) de **cassonade pâle** fermement tassée

Jus de ½ **lime** fraîche

60 ml (¼ tasse) d'**huile d'arachide** ou **de maïs**

1 **oignon jaune** finement tranché

1 **poivron** vert ou rouge épépiné et finement tranché dans le sens de la longueur

15 ml (1 c. à soupe) de **pâte de cari thaï rouge**

500 g (1 lb) de **filet** ou de **surlonge de bœuf** coupé contre le sens du grain en fines languettes

30 ml (2 c. à soupe) d'**arachides** grillées et hachées

10 g (¼ tasse) de **basilic** frais (de préférence, basilic thaï), effilé

**Riz vapeur** en accompagnement

1 Préparer la sauce
Dans un petit bol, mélanger ensemble le lait de coco, la sauce de poisson, la cassonade et le jus de lime.

2 Faire sauter les légumes
Chauffer un wok, ou une grande poêle à frire, jusqu'à ce qu'il soit très chaud, puis ajouter 30 ml (2 c. à soupe) d'huile. Ajouter les oignons et le poivron, puis faire sauter jusqu'à ce qu'ils soient tendres, pendant environ 3 minutes. À l'aide d'une cuillère à rainures, transvider dans un bol.

3 Faire cuire le bœuf
Remettre le wok à feu élevé et ajouter 30 ml (2 c. à soupe) d'huile. Ajouter la pâte de cari rouge et faire revenir jusqu'à ce qu'elle embaume, pendant environ 1 minute. Incorporer la sauce, amener doucement à ébullition et régler le feu pour maintenir une légère ébullition, puis cuire jusqu'à ce que la sauce commence à épaissir, soit 5 à 7 minutes. Remettre les légumes dans la poêle, incorporer le bœuf et laisser mijoter jusqu'à ce qu'il soit bien cuit, soit pendant environ 2 minutes. Transférer dans un bol de service, garnir d'arachides et de basilic, et servir avec du riz.

DONNE 4 PORTIONS

## Astuce du chef

Servez les crevettes avec une trempette au soja et aux agrumes : mélangez ensemble 45 ml (3 c. à soupe) de jus de citron frais, 30 ml (2 c. à soupe) de sauce soja, 15 ml (1 c. à soupe) d'eau, 2,5 ml (½ c. à thé) de coriandre fraîche hachée, 1 ml (¼ de c. à thé) de sucre et 1 gousse d'ail hachée. La trempette peut être préparée une journée à l'avance, couverte et réfrigérée ; la laisser tiédir à la température ambiante avant de servir.

# Crevettes au sel et au poivre

### 1 Préparer le mélange d'épices

Dans un petit bol, mélanger ensemble le sucre, la poudre de cinq-épices et 1 ml (¼ c. à thé) de sel et autant de poivre.

### 2 Saisir les crevettes

Chauffer un wok, ou une grande poêle à frire, jusqu'à ce qu'il soit très chaud, puis ajouter 30 ml (2 c. à soupe) d'huile. Pendant ce temps, étendre la fécule de maïs sur une assiette. Assécher les crevettes en les tapotant rapidement et tremper chacune dans la fécule de maïs, des deux côtés, puis secouer le surplus. Ajouter les crevettes dans la poêle en une seule couche et saisir, les retournant une fois, jusqu'à ce qu'elles soient opaques, soit environ 1 minute de chaque côté. À l'aide d'une cuillère à rainures, transférer les crevettes dans un bol.

### 3 Terminer le plat

Remettre le wok à feu élevé et ajouter 30 ml (2 c. à soupe) d'huile. Ajouter le gingembre, l'ail et le piment, puis faire revenir pendant environ 5 secondes, jusqu'à ce que le mélange embaume. Ajouter le mélange d'épices et le mirin, remettre rapidement les crevettes dans le wok, et faire sauter jusqu'à ce que les crevettes soient bien enrobées du mélange d'épices et qu'elles soient bien réchauffées, soit pendant environ 15 à 20 secondes. Servir avec la trempette (voir l'Astuce du chef, à gauche).

1 ml (¼ c. à thé) de **sucre**

1 ml (¼ c. à thé) de **poudre de cinq-épices**

**Sel et poivre** fraîchement moulu

60 ml (¼ tasse) d'**huile d'arachide** ou **de maïs**

30 g (¼ tasse) de **fécule de maïs**

750 g (1 ½ lb) de grosses **crevettes** crues, décortiquées et déveinées

30 ml (2 c. à soupe) de **gingembre** frais, râpé

3 gousses d'**ail** hachées

1 **piment jalapeño** rouge ou vert épépiné et haché

30 ml (2 c. à soupe) de **mirin**

**DONNE 4 PORTIONS**

# Sauté de légumes printaniers

250 g (½ lb) d'**asperges** parées et coupées en bouchées

250 g (½ lb) de **pois mange-tout** parés

155 g (1 tasse) de **petits pois** surgelés

15 ml (1 c. à soupe) de **sauce hoisin**

15 ml (1 c. à soupe) de **sauce soja**

15 ml (1 c. à soupe) de **vinaigre de riz**

5 ml (1 c. à thé) d'**huile de sésame**

2,5 ml (½ c. à thé) de **fécule de maïs**

30 ml (2 c. à soupe) d'**huile d'arachide** ou **de maïs**

1 **poireau**, partie blanche et vert tendre seulement, coupé en deux, rincé et finement tranché

15 ml (1 c. à soupe) de **gingembre** frais, râpé

**Riz vapeur** en accompagnement

**DONNE 4 PORTIONS**

1 **Étuver les légumes**
Amener à ébullition une grande marmite d'eau. Ajouter les asperges et les pois mange-tout, et cuire pendant 2 minutes. Environ 10 secondes avant d'égoutter, ajouter les pois surgelés pour les cuire brièvement. Égoutter les légumes dans une passoire.

2 **Préparer la sauce**
Dans un petit bol, combiner 60 ml (¼ tasse) d'eau, la sauce hoisin, la sauce soja, le vinaigre de riz, l'huile de sésame et la fécule de maïs, puis mélanger jusqu'à ce que le sucre et la fécule de maïs soient dissous.

3 **Faire sauter les légumes**
Chauffer un wok, ou une grande poêle à frire, jusqu'à ce qu'il soit très chaud, puis ajouter 15 ml (1 c. à soupe) d'huile de maïs. Ajouter le poireau et le gingembre, puis faire sauter jusqu'à ce qu'il soit tendre, soit environ 2 minutes. Ajouter 15 ml (1 c. à soupe) d'huile de maïs, incorporer les asperges, les pois mange-tout et les pois, puis poursuivre la cuisson jusqu'à ce que les légumes soient réchauffés, soit environ 2 minutes. Incorporer la sauce et mélanger jusqu'à ce que la sauce épaississe, soit environ 1 minute. Servir avec du riz.

## Astuce du chef

Pour retirer les extrémités dures
des asperges, tenez une tige à
chaque extrémité et pliez jusqu'à
ce qu'elle se casse. Elle se cas-
sera naturellement au point ou la
portion tendre et comestible commence. Utilisez un couteau d'office pour couper les asperges
en morceaux.

# Bar commun au gingembre et aux oignons verts

## Astuce du chef

Tout poisson blanc à chair ferme, comme la morue ou le flétan, peut remplacer le bar. Avant de le cuire, essayez de retirer les arêtes

oubliées en passant vos doigts sur le rebord de chaque filet. Si vous en trouvez, retirez-les avec une pince à bec effilé ou un couteau d'office en les tirant pour éviter de déchirer le poisson.

**1 Préparer la sauce**
Préchauffer le four à 220 °C (425 °F). Dans un petit bol, combiner 45 ml (3 c. soupe) d'eau, la sauce soja, la sauce aux huîtres, l'huile de sésame, l'huile de maïs, le sucre, la fécule de maïs et une pincée de poivre, puis mélanger jusqu'à ce que le sucre et la fécule de maïs soient dissous.

**2 Cuire le bar**
Déposer le poisson dans un plat de cuisson tout juste assez grand pour contenir les filets en une seule couche. Parsemer les oignons verts et le gingembre sur les filets, puis verser la sauce uniformément sur le poisson. Recouvrir de papier aluminium et refermer de tous les côtés. Déposer au four et cuire jusqu'à ce que le poisson soit opaque, environ 12 à 15 minutes.

**3 Garnir et servir**
Sortir du four et retirer délicatement le papier aluminium. À l'aide d'une cuillère, arroser les filets des jus de cuisson, garnir de coriandre et servir directement du plat, avec du riz.

30 ml (2 c. à soupe) de **sauce soja**

15 ml (1 c. à soupe) de **sauce aux huîtres**

15 ml (1 c. à soupe) d'**huile de sésame**

5 ml (1 c. à thé) d'**huile d'arachide** ou **de maïs**

2,5 ml (½ c. à thé) de **sucre**

1 ml (¼ c. à thé) de **fécule de maïs**

**Poivre blanc**

4 **filets de bar,** environ 750 g (1 ½ lb) au total

3 **oignons verts** finement tranchés

30 ml (2 c. à soupe) de **gingembre** frais finement tranché

45 ml (3 c. à soupe) de **coriandre** fraîche, hachée

**Riz vapeur** en accompagnement

**DONNE 4 PORTIONS**

# 30 minutes
## du début à la fin

# Flétan caramélisé et bok-choy

80 ml (⅓ tasse) de
**sauce de poisson**

30 ml (2 c. à soupe)
de **sauce soja**

185 g (¾ tasse) de **sucre**

30 ml (2 c. à soupe) d'**huile d'arachide** ou **de maïs**

3 **échalotes**
finement tranchées

30 ml (2 c. à soupe) de
**gingembre** frais, râpé

2 gousses d'**ail** hachées

**Poivre** fraîchement moulu

4 **filets de flétan** ou
de **morue** de 2,5 cm (1 po)
d'épaisseur, environ 750 g
(1 ½ lb) au total

250 g (½ lb) de **bok-choy**
coupé en quatre dans
le sens de la longueur

30 ml (2 c. à soupe)
de feuilles de
**coriandre** fraîche

**Riz vapeur** en
accompagnement

**DONNE 4 PORTIONS**

## 1 Préparer la sauce

Dans un petit bol, mélanger ensemble 45 ml (3 c. à soupe) d'eau chaude, la sauce de poisson et la sauce soja. Dans une petite casserole à fond épais, chauffer à feu moyen le sucre et 30 ml (2 c. à soupe) d'eau et mélanger jusqu'à ce que le sucre soit dissous. Amener le feu à intensité élevée, cesser de mélanger et faire tourner la casserole jusqu'à ce que le sirop de sucre devienne ambre, soit environ 3 à 5 minutes. Retirer du feu et verser le mélange à base de sauce de poisson dans le sirop. Il bouillonnera et peut même éclabousser. Mélanger jusqu'à ce que le bouillonnement cesse. Réserver.

## 2 Braiser le poisson

Chauffer un faitout, ou une grande poêle à frire, à feu élevé jusqu'à ce qu'il soit très chaud, puis ajouter l'huile. Ajouter les échalotes, le gingembre et l'ail, puis faire revenir jusqu'à ce qu'ils soient tendres, soit environ 2 minutes. Assaisonner de 1 ml (¼ c. à thé) de poivre et incorporer la sauce. Réduire à feu doux, déposer le poisson dans la sauce, couvrir et laisser braiser pendant 7 minutes. À l'aide d'une spatule de métal, retourner délicatement les filets, déposer les quartiers de bok-choy tout autour, couvrir de nouveau et laisser braiser jusqu'à ce que le poisson soit opaque, soit environ 7 minutes de plus. Transférer le poisson dans un plateau de service, déposer la sauce sur le dessus à l'aide d'une cuillère, garnir de coriandre et servir avec du riz.

## Astuce du chef

La sauce peut être préparée
jusqu'à cinq jours à l'avance.
Laissez-la refroidir, puis versez-la
dans des contenant hermétiques.
Réfrigérez jusqu'à utilisation.
Incorporez la sauce au mélange
à base d'échalotes juste avant
de l'ajouter au poisson.

# Sauté d'aubergines, de portobellos et de poulet

## Astuce du chef

Si vous ne trouvez pas d'aubergines asiatiques, vous pouvez utiliser toute autre aubergine du même poids. Parce que les plus

grosses aubergines sont parfois plus amères et contiennent plus d'eau, il est préférable de les saler, ce qui permettra d'éliminer l'amertume et le surplus d'eau. Mélangez l'aubergine en cubes avec environ 15 ml (1 c. à soupe) de sel, déposez dans une passoire et laissez reposer pendant environ 15 minutes. Tapotez pour assécher avant de faire sauter.

### 1 Préparer la sauce

Dans un bol, combiner 30 ml (2 c. soupe) d'eau, la sauce soja, la sauce Worcestershire, le concentré de tomate, l'huile de sésame, le sucre et la fécule de maïs, puis mélanger jusqu'à ce que le sucre et la fécule de maïs soient dissous.

### 2 Faire sauter le poulet et les légumes

Chauffer un wok, ou une grande poêle à frire antiadhésive, jusqu'à ce qu'il soit très chaud, puis ajouter 30 ml (2 c. à soupe) d'huile de maïs. Ajouter le poulet et faire sauter jusqu'à ce qu'il soit opaque, soit environ 2 minutes. À l'aide d'une cuillère à rainures, transférer le poulet dans un bol. Chauffer le wok ou la poêle à feu élevé et ajouter 30 ml (2 c. à soupe) d'huile de maïs. Ajouter l'aubergine et faire sauter jusqu'à ce qu'elle soit brun doré, pendant environ 7 minutes. Ajouter l'ail, le gingembre et les champignons, puis faire sauter jusqu'à ce que les champignons aient libéré la majorité de leur liquide, pendant environ 3 minutes de plus. Remettre le poulet dans la poêle. Remuer rapidement la sauce, l'ajouter dans le wok et remuer jusqu'à ce qu'elle épaississe légèrement, soit 1 à 2 minutes. Servir avec du riz.

30 ml (2 c. à soupe) de **sauce soja**

30 ml (2 c. à soupe) de **sauce Worcestershire**

5 ml (1 c. à thé) de **concentré de tomate** ou de **ketchup**

5 ml (1 c. à thé) d'**huile de sésame**

5 ml (1 c. à thé) de **sucre**

1 ml (¼ c. à thé) de **fécule de maïs**

60 ml (¼ tasse) d'**huile d'arachide** ou **de maïs**

250 g (½ lb) de **poitrines** ou de **hauts de cuisse de poulet** désossés, sans peau, coupés en bouchées

3 **aubergines asiatiques,** d'un poids total de 500 g (1 lb), coupées en bouchées

15 ml (1 c. à soupe) de **gingembre** frais, râpé

1 gousse d'**ail** hachée

125 g (¼ lb) de **champignons portobello** ou de **Paris,** les tiges enlevées et les chapeaux coupés en bouchées

**Riz vapeur** en accompagnement

DONNE 4 PORTIONS

# Salade vietnamienne au bœuf et aux nouilles

6 gousses d'**ail** hachées

125 ml (½ tasse) de **lait de coco** non sucré

125 ml (½ tasse) de **sauce de poisson**

30 ml (2 c. à soupe) de **cassonade pâle,** fermement tassée, plus 7,5 ml (1,5 c. à thé)

1 **bifteck de surlonge** de 500 g (1 lb) et d'environ 4 cm (1 ½ po) d'épaisseur

185 g (6 oz) de **vermicelles** ou de **nouilles de riz secs,** trempés dans l'eau chaude pendant 15 minutes, puis égouttés

Jus de 2 **limes** fraîches

90 ml ( 6 c. à soupe) d'**huile d'arachide** ou de **maïs**

3 **oignons verts** finement tranchées

1 **piment jalapeño rouge ou vert,** épépiné et finement tranché

20 g (½ tasse) de **basilic** frais (de préférence, basilic thaï), effilé

10 g (⅓ tasse) de **menthe** fraîche, effilée

**DONNE 4 PORTIONS**

## 1 Faire mariner le bifteck et préparer le gril

Dans un bol peu profond, combiner la moitié de l'ail, le lait de coco, 60 ml (¼ tasse) de sauce de poisson et 30 ml (2 c. à soupe) de cassonade, puis mélanger jusqu'à ce que le sucre soit dissous. Ajouter le bifteck, retourner pour enrober, couvrir et laisser reposer pendant 20 minutes. Préparer le barbecue pour une cuisson directe, à feu élevé.

## 2 Préparer la salade

Pendant ce temps, amener une grande marmite d'eau à ébullition. Plonger les vermicelles dans l'eau et laisser bouillir pendant seulement 5 secondes. Égoutter immédiatement sans rincer, et déposer dans un grand bol. Au mélangeur, combiner le reste de l'ail, 60 ml (¼ tasse) de sauce de poisson, 7,5 ml (1 ½ c. à thé) de cassonade, le jus de lime et 75 ml (5 c. à soupe) d'huile, puis mélanger jusqu'à obtention d'une consistance lisse. Parsemer les nouilles d'oignons verts, de piment, de basilic et de menthe, puis napper de vinaigrette avant de bien mélanger tous les ingrédients ensemble. Réserver.

## 3 Griller le bœuf

Retirer le bifteck de la marinade, jeter la marinade et tapoter le bifteck pour l'assécher. Huiler légèrement la grille avec le reste de l'huile, puis déposer le bifteck sur la grille. Cuire, en le tournant une fois, jusqu'à ce qu'à ce qu'il soit bien bruni et grillé des deux côtés, et à point au centre, pendant environ 4 à 5 minutes de chaque côté. Transférer sur une planche à découper et laisser reposer pendant 2 minutes. Trancher finement contre le sens du grain et récupérer tout le jus. Disposer les tranches sur la salade, napper de jus et servir.

## Astuce du chef

La salade de nouilles de riz, que l'on appelle *bun* en vietnamien, est souvent composée de concombre, de germes de soja et d'autres légumes croustillants. Prendre 30 g (¼ tasse) de chacun des ingrédients suivants : concombre finement tranché, germes de soja, carotte râpée et laitue déchiquetée pour plus de saveur. Pour gagner du temps, cuire le bifteck dans une poêle à fond cannelé, sur la cuisinière. Préchauffer à feu élevé, badigeonner d'huile et respecter le même temps de cuisson.

# Bœuf et brocoli

## 1 Préparer la sauce

Dans un bol, combiner 80 ml (⅓ tasse) d'eau, la sauce aux huîtres, la sauce soja, le vin, l'huile de sésame, le sucre, la fécule de maïs et une pincée de poivre, puis mélanger jusqu'à ce que le sucre et la fécule de maïs soient dissous.

## 2 Cuire le brocoli et les nouilles

Amener à ébullition une grande marmite d'eau. Ajouter le brocoli et cuire jusqu'à ce qu'il soit tendre, mais croustillant, soit pendant 3 à 4 minutes. À l'aide d'une cuillère à rainures, transférer le brocoli dans une passoire et rincer à l'eau froide pour stopper la cuisson. Ramener l'eau à ébullition, ajouter les nouilles et cuire en remuant à l'occasion jusqu'à ce qu'elles soient tendres, pendant environ 1 minute. Égoutter les nouilles et ajouter en remuant 15 ml (1 c. à soupe) d'huile de maïs. Transférer dans un grand bol ou dans un grand plateau et couvrir lâchement de papier aluminium pour que tout reste chaud.

## 3 Faire sauter le bœuf et le brocoli

Chauffer un wok, ou une grande poêle à frire, jusqu'à ce qu'il soit très chaud, puis ajouter 30 ml (2 c. à soupe) d'huile de maïs. Ajouter le gingembre et faire sauter jusqu'à ce qu'il soit brun doré, pendant environ 1 minute. À l'aide d'une cuillère à rainures, retirer le gingembre et le jeter. Ajouter le bœuf à l'huile assaisonnée et faire sauter jusqu'à ce qu'il brunisse, soit environ 2 minutes. À l'aide d'une cuillère à rainures, transférer le bœuf dans un bol. Remettre le wok sur le feu élevé, ajouter la sauce réservée et cuire, en remuant, jusqu'à ce qu'elle épaississe légèrement, soit environ 30 secondes. Remettre le bœuf dans le wok, ajouter le brocoli et faire revenir pour réchauffer le tout, pendant environ 1 minute. Déposer sur les vermicelles à l'aide d'une cuillère et servir.

60 ml (¼ tasse) de **sauce aux huîtres**

45 ml (3 c. à soupe) de **sauce soja**

30 ml (2 c. à soupe) de **saké** ou de **sherry sec**

10 ml (2 c. à thé) d'**huile de sésame**

5 ml (1 c. à thé) de **fécule de maïs**

2,5 ml (½ c. à thé) de **sucre**

**Poivre noir ou blanc** fraîchement moulu

1 **brocoli** d'environ 250 g (½ lb), séparé en fleurons

250 g (½ lb) de **nouilles aux œufs chinoises** sèches

45 ml (3 c. à soupe) d'**huile d'arachide** ou **de maïs**

3 tranches fines de **gingembre**

500 g (1 lb) de **surlonge de bœuf** ou de **bifteck de flanc** coupé contre le sens du grain en fines tranches

**DONNE 4 PORTIONS**

55

# Sauté de porc
# à la citronnelle

4 tiges de **citronnelle**

6 gousses d'**ail** hachées

60 ml (¼ tasse) de
**coriandre** fraîche, hachée

**Poivre** fraîchement moulu

1,5 kg (3 lb) de **longe de
porc** coupée en bouchées

Jus de 1 **citron**

30 ml (2 c. à soupe)
de **sauce de poisson**

30 ml (2 c. à soupe)
de **cassonade**
fermement tassée

60 ml (¼ tasse) d'**huile
d'arachide** ou **de maïs**

6 **échalotes**
finement tranchées

4 **oignons verts**
finement tranchés

**Riz vapeur** en
accompagnement

DONNE 4
À 6 PORTIONS

**1 Faire mariner le porc**
Couper et jeter l'extrémité feuillue de chaque tige de
citronnelle. Couper la base de chaque extrémité bulbeuse, puis
trancher très finement. Au mélangeur, combiner la citronnelle,
60 ml (¼ tasse) d'eau, l'ail, la coriandre, 2,5 ml (½ c. à thé) de
poivre et mélanger jusqu'à obtention d'une pâte épaisse. Placer le porc dans un bol, ajouter le mélange à base de citronnelle et mélanger pour enrober le porc uniformément. Laisser
reposer pendant 20 minutes.

**2 Préparer la sauce**
Dans un petit bol, combiner 90 ml (6 c. à soupe) d'eau,
le jus de citron, la sauce de poisson et la cassonade, puis
mélanger jusqu'à ce que la cassonade soit dissoute.

**3 Faire sauter le porc**
Chauffer un wok, ou une grande poêle à frire antiadhésive, jusqu'à ce qu'il soit très chaud, puis ajouter 30 ml (2 c.
à soupe) d'huile. Ajouter le porc et cuire jusqu'à ce qu'il soit
bruni de toutes parts, soit environ 5 à 7 minutes. À l'aide d'une
cuillère à rainures, transférer le porc dans un bol. Remettre le
wok sur le feu à intensité moyenne et ajouter 30 ml (2 c. à
soupe) d'huile. Ajouter les échalotes et faire revenir jusqu'à ce
qu'elles soient translucides, environ 2 minutes. Verser la sauce
dans le wok, amener à ébullition et laisser bouillir pendant
1 minute. Remettre le porc dans le wok et réchauffer pendant
environ 1 minute de plus. Garnir d'oignons verts, transférer
sur un plateau et servir avec du riz.

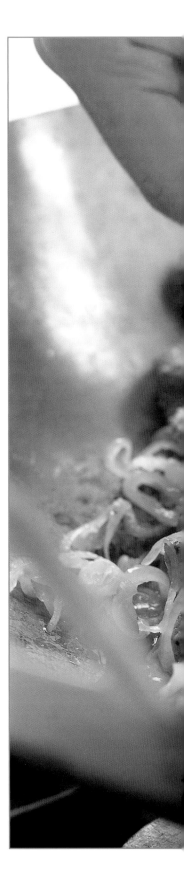

## Astuce du chef

On trouve de la citronnelle dans les épiceries asiatiques et les supermarchés. Si vous n'en trouvez pas, remplacez-la par du zeste et du jus de citron. Ajoutez le zeste et le jus d'un citron aux ingrédients dans le mélangeur.

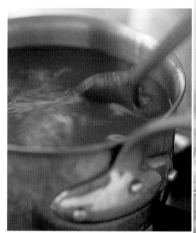

## Astuce du chef

Pour préparer la soupe une
journée à l'avance, préparez le
bouillon de l'étape 1. Environ
15 minutes avant de servir, faites
tremper les nouilles. Tout juste
avant de servir, réchauffez le
bouillon et ajoutez le poulet
et les nouilles. Vous pouvez
aussi remplacer le bouillon
de poulet par du bouillon de
bœuf, et remplacer le poulet par
250 g (½ lb) de surlonge de
bœuf, coupée en fines lanières.
Laissez le bœuf mijoter pendant
1 à 2 minutes avant d'ajouter
les nouilles.

# Soupe poulet et nouilles aux cinq-épices

## 1 Préparer le bouillon

Dans une grande casserole, à feu élevé, combiner le bouillon, l'échalote, le gingembre et la poudre de cinq-épices, puis amener à ébullition. Réduire à feu bas, puis laisser mijoter à découvert pendant 10 minutes.

## 2 Préparer la sauce et les condiments

Presser le jus de deux limes pour obtenir 45 ml (3 c. à soupe) de jus. Dans un petit bol, combiner le jus de lime, la sauce de poisson et le sucre, puis mélanger jusqu'à ce que le sucre soit dissous. Couper l'autre lime en quartiers et déposer dans une assiette avec le basilic et le piment tranché.

## 3 Assaisonner le bouillon et terminer la soupe

Verser la sauce dans le bouillon mijotant et incorporer le poulet pour bien le réchauffer. Ajouter les nouilles au bouillon pour les réchauffer, pendant environ 5 secondes. Verser dans des bols, garnir des oignons verts et servir avec les condiments que les convives ajouteront eux-mêmes.

1,5 l (6 tasses) de **bouillon de poulet**

3 **échalotes** finement tranchées

30 ml (2 c. à soupe) de **gingembre** frais, râpé

5 ml (1 c. à thé) de **poudre de cinq-épices**

3 **limes**

60 ml (¼ tasse) de **sauce de poisson**

10 ml (2 c. à thé) de **sucre**

30 g (1 tasse) de feuilles de **basilic** frais, effilées

1 **piment jalapeño rouge ou vert,** épépiné et finement tranché

375 g (2 tasses) de **poulet** cuit maison ou du commerce, déchiqueté

185 g (6 oz) de **nouilles de riz sèches,** trempées dans l'eau chaude pendant 15 minutes, puis égouttées

2 **oignons verts** finement tranchés

DONNE 4 PORTIONS

# Côtelettes de porc grillées à la sauce hoisin et asperges

45 ml (3 c. à soupe)
de **sauce hoisin**

45 ml (3 c. à soupe)
de **jus d'orange frais**

30 ml (2 c. à soupe)
de **sauce soja**

30 ml (2 c. à soupe) de
**saké** ou de **sherry sec**

5 ml (1 c. à thé)
de **cassonade**
fermement tassée

30 ml (2 c. à soupe) d'**huile
d'arachide** ou **de maïs**

15 ml (1 c. à soupe) de
**gingembre frais,** râpé

3 **gousses d'ail** hachées

4 **côtelettes de longe
de porc** de 2,5 cm
(1 po) d'épaisseur,
totalisant 1 kg (2 lb)

**Sel et poivre**
fraîchement moulu

250 g (½ lb)
d'**asperges** parées

**Riz vapeur** en
accompagnement

DONNE 4 PORTIONS

1 **Préparer le gril et la sauce**
Préparer le barbecue pour une cuisson directe, à feu moyen-élevé. Dans un petit bol, combiner 45 ml (3 c. à soupe) d'eau, la sauce hoisin, le jus d'orange, la sauce soja, le vin et la cassonade, puis mélanger jusqu'à ce que la cassonade soit dissoute. Dans une petite casserole, à feu moyen, chauffer 15 ml (1 c. à soupe) d'huile. Ajouter le gingembre et l'ail, puis faire revenir environ 5 secondes, jusqu'à ce que le mélange embaume. Ajouter le mélange à base de sauce hoisin et laisser mijoter pendant 2 minutes. Réserver la moitié de la sauce pour glacer le porc et les asperges. Tout juste avant de servir, réchauffer le reste de sauce et déposer sur la table.

2 **Griller les côtelettes de porc et les asperges**
Saler et poivrer généreusement les côtelettes de porc des deux côtés. Huiler légèrement la grille avec l'huile restante et y déposer les côtelettes et les asperges, disposant les asperges perpendiculairement sur la grille pour éviter qu'elles tombent. Badigeonner les asperges et les côtelettes de sauce, et laisser griller jusqu'à ce qu'elles soient bien grillées d'un côté, soit pendant 4 à 5 minutes. Retourner les côtelettes et les asperges, badigeonner de sauce et laisser griller jusqu'à ce que l'autre côté soit bien bruni et grillé, environ 4 à 5 minutes de plus. Lorsqu'on y enfonce la pointe d'un couteau, les asperges devraient être tendres et les côtelettes rose pâle au centre. Transférer les côtelettes et les asperges sur un plateau. Servir avec du riz et déposer la sauce chaude sur la table.

## Astuce du chef

Les côtelettes et les asperges peuvent être cuites sur la cuisinière, dans une poêle à fond cannelé, en respectant le même temps de cuisson. Vous pouvez aussi cuire le porc sur la cuisinière et les asperges au four sur une plaque à pâtisserie à rebord. Rôtir les asperges au four à 230°C (450°F) pendant 10 à 15 minutes, les retournant une fois et les badigeonnant de sauce.

## Astuce du chef

D'autres légumes-feuilles, comme
la bette à carde, le chou vert frisé
et les épinards, peuvent remplacer le bok-choy. Hachez grossièrement les feuilles et cuisez jusqu'à tendreté. Les épinards ne
doivent cuire que quelques
secondes.

# Poulet braisé au soja et au gingembre avec bok-choy

## 1 Braiser le poulet

Dans un faitout ou une poêle à frire, combiner 375 ml (1½ tasse) d'eau, la sauce soja, le vin, la poudre de cinq-épices, le gingembre et les oignons verts. Amener à ébullition à feu élevé, puis réduire la chaleur à intensité moyenne-basse. Submerger les morceaux de poulet dans le liquide, côté peau sur le dessus, et laisser mijoter doucement pendant 8 minutes. Retourner les morceaux de poulet et laisser mijoter jusqu'à ce qu'il soit complètement opaque, soit environ 8 minutes de plus.

## 2 Cuire le bok-choy

À l'aide d'une pince ou d'une cuillère à rainures, transférer le poulet sur un plateau et couvrir de papier aluminium pour le garder chaud. Amener le liquide à braiser à ébullition à feu moyen, ajouter le bok-choy et laisser cuire jusqu'à ce qu'il soit tendre, environ 3 minutes. À l'aide d'une pince ou d'une cuillère à rainures, transférer le bok-choy sur un plateau, disposé autour du poulet.

## 3 Glacer le poulet

Amener le liquide à braiser à ébullition à feu élevé et laisser bouillir jusqu'à ce qu'il ait réduit de moitié, environ 5 minutes. Incorporer le miel et l'huile de sésame. Verser sur le poulet et le bok-choy, puis servir avec du riz.

250 ml (1 tasse) de **sauce soja**

60 ml (¼ tasse) de **saké** ou de **sherry sec**

30 ml (2 c. à soupe) de **cassonade** fermement tassée

2,5 ml (½ c. à thé) de **poudre de cinq-épices**

30 ml (2 c. à soupe) de **gingembre** frais, râpé

3 **oignons verts** finement tranchés

1 kg (2 lb) de **poitrines** ou de **hauts de cuisse de poulet,** non désossés avec la peau

250 g (½ lb) de **bok-choy** coupé en quatre dans le sens de la longueur

30 ml (2 c. à soupe) de **miel**

15 ml (1 c. à soupe) d'**huile de sésame**

**Riz vapeur** en accompagnement

DONNE 4 PORTIONS

# Pétoncles glacés au miso avec salade de chou asiatique

60 g (¼ tasse) de
**miso blanc**

60 ml (¼ tasse) de **mirin**
ou de **saké**

30 ml (2 c. à soupe) de
**gingembre frais,** râpé

500 g (1 lb) de
**pétoncles géants**

60 ml (¼ tasse) de
**vinaigre de riz**

2,5 ml (½ c. à thé) de **sucre**

**Sel**

60 ml (¼ tasse) d'**huile
d'arachide** ou de **maïs**

15 ml (1 c. à soupe)
d'**huile de sésame**

1 petit ou ½ gros **chou
nappa** déchiqueté

2 **carottes** pelées et râpées

2 **échalotes**
finement tranchées

**DONNE 4 PORTIONS**

## 1 Faire mariner les pétoncles

Dans un grand bol, mélanger ensemble le miso, le mirin et le gingembre. Ajouter les pétoncles et retourner pour enrober uniformément de marinade. Laisser reposer pendant 15 minutes.

## 2 Préparer la salade

Dans un grand bol, fouetter ensemble le vinaigre, le sucre, le sel, 30 ml (2 c. à soupe) d'huile de maïs et l'huile de sésame, jusqu'à ce que le sucre et le sel soient dissous. Ajouter le chou, les carottes et les échalotes, et bien mélanger pour répartir uniformément la vinaigrette. Transférer la salade sur un plateau ou dans des assiettes et réserver.

## 3 Saisir les pétoncles

Chauffer une grande poêle à frire antiadhésive à feu élevé, jusqu'à ce qu'elle soit très chaude. Ajouter le reste de l'huile de maïs. Retirer les pétoncles de la marinade, secouer le surplus de marinade et déposer en une seule couche dans la poêle. Saisir jusqu'à ce qu'ils soient grillés d'une côté, soit environ 1 minute. À l'aide d'une pince, retourner les pétoncles et les saisir jusqu'à ce que le second côté soit grillé et bruni, et que le centre soit ferme et légèrement élastique au toucher, soit 1 à 2 minutes. Déposer les pétoncles sur la salade et servir.

## Astuce du chef

Le miso est une pâte fermentée et savoureuse, extrêmement nutritive, composée de haricots de soja, que l'on retrouve en plusieurs

couleurs, textures et variétés. Le miso blanc, aussi appelé *shiromiso*, est vendu dans les épiceries japonaises, les boutiques d'aliments naturels et les supermarchés les mieux approvisionnés. Vous pouvez remplacer les pétoncles par des filets de bar. Cuisez-les de la même façon que les pétoncles, ou faites-les griller.

## Astuce du chef

Vous pouvez ajouter de la viande, de la volaille ou des fruits de mer à ce plat, par exemple 250 g (½ lb) de longe de porc ou des hauts de cuisse de poulet désossés, sans la peau, coupés en lanières, ou encore des crevettes crues, décortiquées et hachées. Ajoutez à la poêle après avoir fait revenir le gingembre et l'ail, et cuisez bien, pendant 3 à 4 minutes, puis poursuivez la recette.

# Chow mein de légumes

## 1 Étuver les nouilles et préparer la sauce

Amener à ébullition une grande marmite d'eau. Ajouter les nouilles, faire bouillir pendant 2 minutes, égoutter à la passoire et bien rincer à l'eau froide. Déposer dans un bol, ajouter 15 ml (1 c. à soupe) d'huile de maïs et mélanger pour enrober uniformément. Dans un petit bol, mélanger ensemble 45 ml (3 c. à soupe) d'eau, la sauce aux huîtres, la sauce soja, le vinaigre, l'huile de sésame et le sucre, puis mélanger jusqu'à ce que le sucre soit dissous.

## 2 Faire sauter les légumes

Chauffer un wok, ou une grande poêle à frire, jusqu'à ce qu'il soit très chaud, puis ajouter 30 ml (2 c. à soupe) d'huile de maïs. Ajouter les oignons et le poivron, puis faire sauter jusqu'à ce qu'ils soient tendres, pendant environ 2 minutes. Ajouter les champignons et les courgettes, et faire sauter pendant environ 2 minutes, jusqu'à ce qu'ils soient brun doré. À l'aide d'une cuillère à rainures, transférer les légumes dans un bol.

## 3 Faire sauter les nouilles

Remettre le wok à feu élevé et ajouter 30 ml (2 c. à soupe) d'huile de maïs. Ajouter le gingembre et l'ail, puis faire sauter pendant environ 5 secondes, jusqu'à ce que le mélange embaume. Ajouter les nouilles et cuire jusqu'à ce qu'elles soient bien réchauffées, pendant environ 5 minutes. Remettre les légumes dans la poêle, ajouter la sauce et faire revenir en mélangeant jusqu'à ce que tous les ingrédients soient bien combinés et réchauffés, soit environ 1 minute. Transférer sur un plateau et servir.

250 g (½ lb) de **nouilles aux œufs chinoises sèches**

75 ml (5 c. à soupe) d'**huile d'arachide** ou **de maïs**

30 ml (2 c. à soupe) de **sauce aux huîtres**

30 ml (2 c. à soupe) de **sauce soja**

30 ml (2 c. à soupe) de **vinaigre de riz**

15 ml (1 c. à soupe) d'**huile de sésame**

5 ml (1 c. à thé) de **sucre** (facultatif)

½ **oignon jaune** finement tranché

1 **poivron rouge** épépiné et finement tranché dans le sens de la longueur

125 g (¼ lb) de champignons **shiitakes,** les tiges enlevées et les chapeaux finement tranchés

1 **courgette** parée et coupée en juliennes

15 ml (1 c. à soupe) de **gingembre** frais, râpé

2 gousses d'**ail** hachées

DONNE 4 PORTIONS

# Crevettes thaïes au cari vert

15 ml (1 c. à soupe) de pâte de **cari thaï** vert

3 gousses d'**ail** grossièrement hachées

1 boîte (420 ml) de **lait de coco non sucré**

60 ml (¼ tasse) de **sauce de poisson**

Jus de 1 **lime**

30 ml (2 c. à soupe) de **cassonade pâle** fermement tassée

60 ml (¼ tasse) d'**huile d'arachide** ou **de maïs**

2 **échalotes** finement tranchées

375 g (¾ lb) de **courgettes vertes ou jaunes** parées, coupées en deux dans le sens de la longueur et finement tranchées en diagonale

750 g (1½ lb) de grosses **crevettes crues,** décortiquées et déveinées

30 ml (2 c. soupe) de **feuilles de basilic frais,** effilées

**Riz vapeur** en accompagnement

**DONNE 4 PORTIONS**

## 1 Préparer la base au cari

Au mélangeur, combiner 30 ml (2 c. à soupe) d'eau avec la pâte de cari et l'ail, et mélanger jusqu'à obtention d'une consistance lisse. Dans un petit bol, combiner le lait de coco, la sauce de poisson, le jus de lime et la cassonade, puis mélanger jusqu'à ce que le sucre soit dissous.

## 2 Cuire le cari

Chauffer un wok, ou une grande poêle à frire, jusqu'à ce qu'il soit très chaud, puis ajouter 30 ml (2 c. à soupe) d'huile. Ajouter les échalotes et faire revenir jusqu'à ce qu'elles soient translucides, environ 1 minute. Ajouter les courgettes et faire revenir jusqu'à ce qu'elles brunissent, pendant environ 4 à 5 minutes. À l'aide d'une cuillère à rainures, transférer les légumes dans un bol. Remettre le wok à feu élevé et ajouter 30 ml (2 c. à soupe) d'huile. Ajouter la pâte de cari et faire revenir pendant environ 5 secondes, jusqu'à ce que le mélange embaume. Incorporer le mélange à base de lait de coco, réduire à feu moyen et laisser mijoter pendant 5 minutes, le temps de marier les saveurs. Ajouter les crevettes et laisser mijoter jusqu'à ce qu'elles soient complètement opaques, soit environ 3 minutes. Transférer dans un bol de service, garnir de basilic et servir avec du riz.

## Astuce du chef

Vous pouvez remplacer les crevettes par 1 kg (2 lb) de moules
ou de palourdes. Brossez bien les
mollusques et jetez ceux qui ne se
ferment pas au toucher. Versez
12 mm (½ po) d'eau dans une
grande casserole, ajoutez les mollusques, couvrez et faites cuire
vapeur jusqu'à ce qu'ils s'ouvrent,
soit environ 3 minutes. Jetez tous
les mollusques qui ne se sont pas
ouverts. À l'aide d'une cuillère à
rainures, transférez dans le cari
bouillonnant tout juste avant
de servir.

# Saumon et shiitakes braisés

### 1 Préparer le liquide à braiser

Dans un grand bol, combiner le bouillon de poulet, la sauce soja, le vin, le sucre et la fécule de maïs, et mélanger jusqu'à ce que le sucre et la fécule soient dissout. Dans un faitout ou une grande poêle à frire profonde, faire chauffer l'huile à feu moyen. Ajouter le gingembre, l'ail et tout l'oignon vert sauf 15 ml (1 c. à soupe), puis faire sauter pendant environ 5 secondes, jusqu'à ce que le mélange embaume. Ajouter les champignons et faire revenir jusqu'à ce qu'ils commencent à brunir, pendant 2 à 3 minutes. Ajouter le liquide à braiser, amener à ébullition et réduire à feu bas pour que le liquide mijote doucement.

### 2 Faire braiser le poisson et cuire les nouilles

Placer les darnes de saumon dans le liquide à braiser en une seule couche, couvrir et faire cuire pendant 5 minutes. À l'aide d'une spatule de métal, retourner délicatement les darnes, couvrir et braiser jusqu'à ce que le poisson soit opaque sous la pointe d'un couteau, soit environ 5 minutes de plus. Pendant ce temps, amener une grande marmite d'eau à ébullition. Ajouter les nouilles et faire cuire pendant 3 à 5 minutes, jusqu'à ce qu'elles soient tendres. Égoutter à l'aide d'une passoire et rincer à l'eau froide. Transférer dans des assiettes

### 3 Servir le poisson

Déposer délicatement le poisson braisé sur les nouilles. Garnir de la sauce à braiser épaissie et des oignons verts réservés, puis servir.

500 ml (2 tasses) de **bouillon de poulet**

125 ml (½ tasse) de **sauce soja**

60 ml (¼ tasse) de **saké** ou de **sherry sec**

15 ml (1 c. à soupe) de **sucre**

7,5 ml (1 ½ c. à thé) de **fécule de maïs**

30 ml (2 c. à soupe) d'**huile d'arachide** ou **de maïs**

30 ml (2 c. à soupe) de **gingembre frais,** râpé

3 **gousses d'ail** hachées

2 **oignons verts** finement tranchés

125 g (¼ lb) de champignons **shiitakes,** les tiges enlevées et les chapeaux finement tranchés

4 **darnes de saumon** d'environ 4 cm (1 ½ po) d'épaisseur, pour un total de 750 g (1,5 lb)

185 g (6 oz) de **nouilles aux œufs chinoises fraîches**

DONNE 4 PORTIONS

# Cari thaï de citrouille et de poulet

1 **petite citrouille**
ou **courge musquée**
de 750 g (½ lb), coupée
en deux, pelée, épépinée,
puis coupée en petits cubes

2 **échalotes** hachées

3 gousses d'**ail** gros-
sièrement hachées

15 ml (1 c. à soupe) de
**pâte de cari thaï rouge**

1 boîte (420 ml) de
**lait de coco non sucré**

30 ml (2 c. à soupe)
de **sauce de poisson**

Jus de 1 **lime**

30 ml (2 c. à soupe)
de **cassonade pâle**
fermement tassée

45 ml (3 c. à soupe) d'**huile
d'arachide** ou **de maïs**

500 g (1 lb) de **hauts
de cuisse de poulet**
désossés, sans peau,
coupés en bouchées

30 ml (2 c. à soupe)
de **feuilles de basilic
frais,** effilées

**Riz vapeur** en
accompagnement

**DONNE 4 PORTIONS**

1 Cuire la citrouille

Amener à ébullition une grande marmite d'eau. Ajouter la citrouille et cuire pendant environ 7 minutes, jusqu'à ce qu'elle soit à peine tendre. Bien égoutter et réserver.

2 Préparer la base au cari

Au mélangeur, combiner les échalotes, la pâte de cari et 30 ml (2 c. à soupe) d'eau, et mélanger jusqu'à obtention d'une consistance lisse. Dans un petit bol, combiner le lait de coco, la sauce de poisson, le jus de lime et le sucre, puis mélanger jusqu'à ce que le sucre soit dissous.

3 Cuire le cari

Chauffer 30 ml (2 c. à soupe) d'huile dans un wok ou dans une grande poêle à frire, à feu moyen. Ajouter le poulet et saisir jusqu'à ce qu'il soit bruni et grillé de tous les côtés, pendant environ 5 à 7 minutes. À l'aide d'une cuillère à rainures, transférer le poulet dans un bol. Remettre la poêle sur le feu à intensité moyenne et ajouter 15 ml (1 c. à soupe) d'huile. Ajouter la base au cari et cuire, en remuant, pendant environ 10 secondes, jusqu'à ce que le mélange embaume. Incorporer le mélange à base de lait de coco et amener à ébullition. Ajouter le poulet et la citrouille, réduire à feu doux et laisser mijoter jusqu'à ce que la citrouille soit tendre lorsque piquée à l'aide d'une fourchette, et que le poulet soit opaque de toutes parts, soit pendant environ 5 minutes de plus. Transférer dans un bol de service, garnir de basilic et servir avec du riz.

## Astuce du chef

Recherchez des petites citrouilles, comme la variété *Sugar Pie* ou la variété *Cheese*. Vous pouvez aussi remplacer la citrouille par la courge musquée. Pour préparer la citrouille ou la courge, tenez-la sur le côté, sur une surface de coupe rigide. Puis, avec un grand couteau, coupez-la en deux en traversant sa tige. Si la peau est trop épaisse, frappez le couteau à l'aide d'un maillet. Évidez graines et fibres à l'aide d'une grosse cuillère de métal. Enfin, pelez et coupez comme désiré.

# 15 minutes
## de préparation

# Nouilles de Shanghai au porc

500 g (1 lb) de **nouilles aux œufs chinoises** fraîches

75 ml (5 c. à soupe) d'**huile d'arachide** ou de **maïs**

60 ml (¼ tasse) de **sauce soja**

45 ml (3 c. à soupe) de **sauce Worcestershire**

30 ml (2 c. à soupe) de **vinaigre de riz**

5 ml (1 c. à thé) de **sucre**

**Poivre blanc**

250 g (½ lb) de **longe de porc** désossée, coupée en fines lanières contre le sens du grain

1 **oignon jaune** finement tranché

2 **poivrons rouges** épépinés et finement tranchés en diagonale

2 gousses d'**ail** hachées

½ **chou nappa** finement déchiqueté

**DONNE 4 PORTIONS**

## 1 Étuver les nouilles
Amener à ébullition une grande marmite d'eau. Séparer les nouilles, les déposer dans l'eau bouillante et laisser cuire pendant 2 minutes. Égoutter à l'aide d'une passoire et rincer à l'eau froide. Déposer dans un bol, ajouter 15 ml (1 c. à soupe) d'huile et mélanger pour enrober uniformément.

## 2 Préparer la sauce
Dans un petit bol, combiner 80 ml (⅓ tasse) d'eau chaude, la sauce soja, la sauce Worcestershire, le vinaigre, le sucre et une pincée de poivre, puis mélanger jusqu'à ce que le sucre soit dissous.

## 3 Faire sauter le porc et les nouilles
Chauffer un wok, ou une grande poêle à frire antiadhésive, jusqu'à ce qu'il soit très chaud, puis ajouter 30 ml (2 c. à soupe) d'huile. Ajouter le porc et faire revenir jusqu'à ce qu'il brunisse, pendant environ 2 à 3 minutes. À l'aide d'une cuillère à rainures, transférer le porc dans un bol. Remettre le wok à feu élevé et ajouter 30 ml (2 c. à soupe) d'huile. Ajouter l'oignon et le poivron, puis faire revenir jusqu'à ce qu'ils soient tendres, pendant environ 5 minutes. Incorporer l'ail et le chou, puis faire sauter jusqu'à ce que le chou commence à faner, pendant environ 3 minutes. Incorporer la sauce et amener à ébullition. Ajouter les nouilles étuvées et le porc, puis mélanger bien avec les légumes ; couvrir, réduire à feu doux et laisser cuire pendant environ 10 minutes, en remuant une ou deux fois, jusqu'à ce que les nouilles aient absorbé la sauce. Transférer dans des bols et servir.

## Astuce du chef

Au lieu du porc, vous pouvez
utiliser 250 g (½ lb) de poitrines
de poulet désossées, sans la
peau, coupées en fines lanières,
ou 250 g (½ lb) de petites crevettes crues, décortiquées et déveinées. Elles cuiront en plus ou
moins 8 minutes. Pour créer un
plat végétarien, omettez le porc
et ajoutez 125 g (¼ lb) de shiitakes tranchés.

## Astuce du chef

La sauce de poisson est un assaisonnement asiatique salé à l'odeur âcre très populaire au Viêt-nam et en Thaïlande. Ce liquide de

couleur ambre est un composé d'un extrait filtré de petits poissons (très souvent, des anchois), de sel et d'eau qu'on a laissé fermenter au soleil. C'est un ingrédient indispensable dans d'innombrables plats. On l'utilise aussi dans plusieurs trempettes asiatiques.

# Poulet vietnamien grillé

### 1 Faire mariner le poulet

Au mélangeur, combiner l'ail, les échalotes hachées, le gingembre, le lait de coco, 45 ml (3 c. à soupe) de vinaigre, la sauce soja et 15 ml (1 c. à soupe) de sucre, puis mélanger jusqu'à obtention d'une consistance lisse. Déposer le poulet dans un bol, ajouter la marinade, remuer pour enrober uniformément et couvrir de pellicule plastique (ou d'un couvercle si le bol en est muni). Laisser reposer pendant au moins 15 minutes à la température ambiante, ou jusqu'au lendemain au réfrigérateur. (Pour obtenir plus de saveur, faire mariner le poulet pendant au moins 4 heures au réfrigérateur.)

### 2 Préparer la salade de concombre

Dans un bol, fouetter ensemble le reste de vinaigre, 5 ml (1 c. à thé) de sel et 60 ml (¼ tasse) d'huile. Ajouter le concombre et les échalotes tranchées, bien mélanger, couvrir et réfrigérer jusqu'au moment de servir. (La salade peut être préparée une journée à l'avance et rangée au réfrigérateur dans un contenant hermétique.)

### 3 Griller le poulet

Préparer le barbecue pour une cuisson directe, à feu moyen, puis huiler légèrement la grille avec 15 ml (1 c. à soupe) d'huile. Retirer le poulet de la marinade, secouer l'excédent, puis jeter la marinade. Placer le poulet, la peau sur le dessus, sur la grille et l'y laisser jusqu'à ce qu'il soit bruni et grillé, soit 7 à 8 minutes. À l'aide d'une pince, le retourner et griller l'autre côté jusqu'à ce qu'il soit aussi grillé, soit pendant 5 à 7 minutes de plus. Éloigner le poulet de la chaleur directe, refermer le gril et laisser cuire jusqu'à ce qu'il soit complètement opaque ou qu'un thermomètre inséré dans la portion la plus épaisse, loin de l'os, donne une lecture de 71 °C (160 °F), soit pendant 7 à 10 minutes. Servir le poulet avec la salade de concombre.

4 gousses d'**ail** grossièrement hachées

4 **échalotes** ; 2 hachées et 2 tranchées

15 ml (1 c. à soupe) de **gingembre** frais, haché

125 ml (½ tasse) de **lait de coco non sucré**

90 ml (6 c. à soupe) de **vinaigre de riz**

45 ml (3 c. à soupe) de **sauce de poisson**

30 ml (2 c. à soupe) de **sauce soja**

30 ml (2 c. à soupe) de **cassonade** fermement tassée

1 kg (2 lb) de **poitrines de hauts de cuisse de poulet** non désossés, avec la peau

**Sel**

75 ml (5 c. à soupe) d'**huile d'arachide** ou de **maïs**

1 **gros concombre anglais** en tranches fines

DONNE 4 PORTIONS

**79**

# Riz frit au poulet, aux champignons et à la bette à carde

2 **hauts de cuisse de poulet** désossés, sans peau, coupés en bouchées

5 ml (1 c. à thé) de **gingembre frais,** haché

15 ml (1 c. à soupe) de **sauce aux huîtres**

15 ml (1 c. à soupe) de **sauce soja**

15 ml (1 c. à soupe) de **saké** ou de **sherry sec**

5 ml (1 c. à thé) d'**huile de sésame**

1 ml (¼ c. à thé) de **sucre**

**Poivre blanc**

330 g (1 ½ tasse) de **riz au jasmin**

1 botte de **bette à carde,** tiges enlevées et feuilles hachées

185 g (6 oz) de champignons **shiitakes,** les tiges enlevées et les têtes finement tranchées

1 **oignon vert** finement tranché

**DONNE 4 PORTIONS**

## 1 Faire mariner le poulet

Dans un grand bol, combiner le poulet, le gingembre, la sauce aux huîtres, la sauce soja, le vin, l'huile, le sucre et une pincée de poivre, puis bien mélanger. Laisser reposer pendant 10 minutes.

## 2 Cuire le riz

Dans une casserole à fond épais, combiner le riz, la bette à carde, les champignons, le poulet et sa marinade, puis 750 ml (3 tasses) d'eau. Amener à ébullition à feu élevé, couvrir, puis réduire à feu doux et laisser cuire pendant environ 20 minutes, jusqu'à ce que le riz ait presque complètement absorbé l'eau et que le poulet soit cuit. Retirer du feu et laisser reposer, à couvert, pendant 10 minutes. Gonfler le riz à la fourchette, le transférer dans un bol de service, garnir d'oignon vert et servir. Ce plat peut aussi être préparé dans un cuiseur à riz électrique. Combiner le riz, la bette à carde, les champignons, le poulet et sa marinade, puis 750 ml (3 tasses) d'eau bouillante dans le cuiseur, couvrir et allumer. Le riz devrait cuire en environ 30 minutes. Une fois le cuiseur éteint, laisser reposer pendant 10 minutes avant de servir.

## Astuce du chef

Pour plus de saveur, mélanger
ensemble, dans un petit bol,
30 ml (2 c. à soupe) de sauce aux
huîtres, 5 ml (1 c. à thé) d'huile
de sésame, 15 ml (1 c. à soupe)
de vinaigre de riz et 5 ml (1 c. à
thé) d'eau très chaude. Napper
le riz avant de servir.

# Ragoût de pois chiches et de pommes de terre au cari

## 1 Préparer la base au cari

Au mélangeur, combiner 15 ml (1 c. à soupe) d'eau avec l'oignon, le gingembre et l'ail, et mélanger jusqu'à obtention d'une pâte. Dans un petit bol, mélanger ensemble la poudre de cari et 2,5 ml (½ c. à thé) de sel.

## 2 Faire sauter les légumes

Chauffer une grande poêle à frire jusqu'à ce qu'elle soit très chaude, puis ajouter 30 ml (2 c. à soupe) d'huile. Ajouter les pommes de terre et faire sauter jusqu'à ce qu'elles brunissent légèrement, pendant environ 5 minutes. Assaisonner de 1 ml (¼ c. à thé) de sel et, à l'aide d'une cuillère à rainures, transvider dans un bol. Remettre la poêle à feu élevé et ajouter 15 ml (1 c. à soupe) d'huile. Ajouter l'okra (facultatif) et faire revenir jusqu'à ce qu'il brunisse légèrement, pendant environ 5 minutes. À l'aide d'une cuillère à rainures, transférer l'okra dans un bol avec les pommes de terre.

## 3 Cuire le ragoût

Remettre dans la poêle à feu moyen-élevé et ajouter 15 ml (1 c. à soupe) d'huile. Ajouter la pâte à base d'oignon et d'ail, et faire revenir jusqu'à ce que le mélange embaume, soit environ 2 minutes. Incorporer la poudre de cari et le bouillon, bien mélanger et amener à ébullition. Remettre les légumes dans la poêle et ajouter les pois chiches. Réduire à feu doux et laisser cuire, à découvert, environ 15 à 20 minutes, jusqu'à ce que les pommes de terre soient tendres. Goûter et ajuster la quantité de sel. Servir avec du riz.

1 **oignon jaune** grossièrement haché

30 ml (2 c. à soupe) de **gingembre frais,** haché

4 **gousses d'ail** hachées

1 **petit piment jalapeño rouge ou vert** épépiné et haché

22,5 ml (1,5 c. à soupe) de **poudre de cari**

**Sel**

60 ml (¼ tasse) d'**huile d'arachide** ou de **maïs**

2 grosses **pommes de terre à bouillir**, pelées et coupées en petits cubes

250 g (½ lb) d'**okra** frais ou surgelé, paré et finement tranché (facultatif)

375 ml (1,5 tasse) de **bouillon de poulet** ou **de légumes**

1 boîte (455 g) de **pois chiches** rincés et égouttés

**Riz vapeur** en accompagnement

DONNE 4 PORTIONS

# Filet de porc rôti à la sauce soja et au miel

15 ml (1 c. à soupe) de **gingembre frais,** haché

3 **gousses d'ail** hachées

30 ml (2 c. à soupe) de **sauce hoisin**

30 ml (2 c. à soupe) de **sauce soja**

15 ml (1 c. à soupe) de **saké** ou de **sherry sec**

15 ml (1 c. à soupe) de **ketchup**

22,5 ml (1 ½ c. à soupe) de **miel**

15 ml (1 c. à soupe) d'**huile d'arachide** ou de **maïs**

7,5 ml (1,5 c. à thé) d'**huile de sésame**

500 g (1 lb) de **filet de porc** (environ)

**DONNE 4 PORTIONS**

## 1 Faire mariner le filet de porc

Au mélangeur, combiner le gingembre, l'ail, la sauce hoisin, la sauce soja, le vin, le ketchup, le miel, l'huile de maïs et l'huile de sésame, puis mélanger jusqu'à obtention d'une consistance lisse. Déposer le filet dans un plat de cuisson peu profond ; ajouter la marinade, retourner le porc pour l'enrober uniformément et recouvrir de pellicule plastique (ou d'un couvercle si le plat en est muni). Laisser reposer pendant 15 minutes à la température ambiante. (Pour obtenir plus de saveur, faire mariner pendant au moins 4 heures ou jusqu'au lendemain au réfrigérateur.)

## 2 Rôtir le filet de porc

Préchauffer le four à 200 °C (400 °F). Déposer une grille dans une rôtissoire tout juste assez grande pour contenir le filet. Retirer le porc de la marinade et le déposer sur la grille. Réserver la marinade. Rôtir le porc pendant 20 minutes. Sortir du four, badigeonner de tous les côtés de marinade et remettre au four. Poursuivre la cuisson jusqu'à ce que l'extérieur soit grillé et bruni, et qu'un thermomètre à mesure instantanée inséré dans la portion la plus épaisse du filet donne une lecture de 60 °C à 65 °C (145 °F à 150 °F), soit 10 à 15 minutes de plus. Laisser reposer pendant 10 minutes, puis trancher et servir.

## Astuce du chef

Utilisez les restes de porc pour préparer un chow mein de légumes et de porc. Tranchez le porc en fines lanières et suivez la recette de chow mein aux légumes de la page 67. Ajoutez le porc aux nouilles à l'étape 3.

## Astuce du chef

Le lait de coco de bonne qualité est offert dans les épiceries asiatiques et dans la plupart des supermarchés. Les solides du lait de coco se séparent et montent à la surface, formant une couche crémeuse. Il faut donc bien le brasser avant de l'utiliser. N'achetez pas de crème de coco sucrée en conserve, qu'on utilise dans les boissons tropicales et certains desserts.

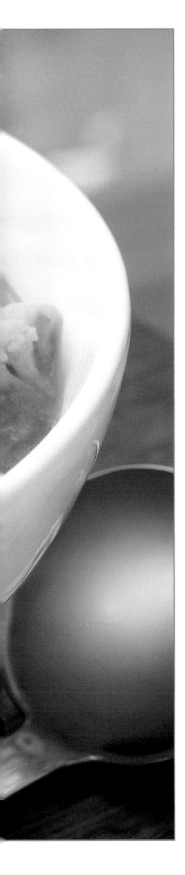

# Ragoût de chou-fleur et de poulet au cari

**1** Préparer le mélange aux aromates et aux épices

Au mélangeur, combiner 15 ml (1 c. à soupe) d'eau avec l'oignon, le gingembre et l'ail, et mélanger jusqu'à obtention d'une pâte. Dans un petit bol, mélanger ensemble la poudre de cari et 2,5 ml (½ c. à thé) de sel.

**2** Cuire le poulet

Chauffer une grande poêle à frire à feu élevé jusqu'à ce qu'elle soit très chaude, puis ajouter l'huile. Ajouter la pâte à base d'oignon et d'ail, et faire revenir jusqu'à ce qu'elle commence à brunir, soit environ 5 minutes. Incorporer le mélange aux épices et faire revenir environ 10 secondes, jusqu'à ce que le mélange embaume. Ajouter les tomates, puis cuire, en remuant à l'occasion, jusqu'à ce qu'elles se défassent, pendant environ 5 minutes. Incorporer le lait de coco et 125 ml (½ tasse) d'eau, faire mijoter et incorporer les morceaux de poulet. Couvrir, réduire à feu doux et laisser mijoter environ 20 minutes, jusqu'à ce que le ragoût épaississe.

**3** Cuire les légumes

Découvrir, et incorporer le chou-fleur et les haricots verts. Poursuivre la cuisson à couvert pendant 15 à 20 minutes, jusqu'à ce que les légumes soient tendres. Saler au goût. Servir avec du riz.

1 petit **oignon jaune** grossièrement haché

30 ml (2 c. à soupe) de **gingembre frais,** haché

3 gousses d'**ail** hachées

15 ml (1 c. à soupe) de **poudre de cari**

**Sel**

30 ml (2 c. à soupe) d'**huile d'arachide** ou de **maïs**

375 g (¾ lb) de **tomates** épépinées et hachées

1 boîte (420 ml) de **lait de coco non sucré**

500 g (1 lb) de **hauts de cuisse de poulet** désossés, sans peau, coupés en gros cubes

1 petit **chou-fleur** séparé en fleurons

125 g (¼ lb) de **haricots verts** parés et coupés en morceaux de 5 cm (2 po)

**Riz vapeur** en accompagnement

DONNE 4 PORTIONS

# Poulet au cari jaune

1 kg (2 lb) de **poitrines** ou de **hauts de cuisse de poulet** non désossés, avec la peau

**Sel**

30 ml (2 c. à soupe) d'**huile d'arachide** ou de **maïs**

1 **oignon jaune** haché

15 ml (1 c. à soupe) de **gingembre** frais, râpé

3 gousses d'**ail** hachées

22,5 ml (1 ½ c. à soupe) de **poudre de cari**

1 boîte (420 ml) de **lait de coco non sucré**

Jus de 1 **citron**

2 grosses **pommes de terre à bouillir**, pelées et coupées en gros cubes

2 **carottes** pelées et coupées en gros morceaux

**Riz vapeur** en accompagnement

**DONNE 4 PORTIONS**

1 Brunir le poulet

Saupoudrer uniformément de sel les morceaux de poulet. Chauffer un faitout, ou une grande poêle à frire, allant au four à feu élevé jusqu'à ce qu'il soit très chaud, puis ajouter l'huile. Ajouter le poulet, la peau vers le bas, et saisir jusqu'à ce qu'il soit doré et grillé de toutes parts, soit pendant 5 à 6 minutes. Retourner les morceaux et saisir de l'autre côté pendant 5 à 6 minutes de plus. À l'aide d'une cuillère à rainures ou d'une pince, transférer le poulet dans une assiette.

2 Préparer le cari

Préchauffer le four à 165 °C (325 °F). Remettre la poêle à feu élevé, ajouter l'oignon, le gingembre et l'ail, puis faire revenir pendant environ 2 minutes, jusqu'à tendreté. Incorporer la poudre de cari et faire revenir pendant 10 secondes de plus. Ajouter le lait de coco, 125 ml (½ tasse) d'eau, le jus de citron et 5 ml (1 c. à thé) de sel. Porter à ébullition, remettre les morceaux de poulet dans la poêle et laisser mijoter pendant 2 minutes. Couvrir hermétiquement, déposer au four et laisser cuire pendant 30 minutes. Sortir du four, incorporer les pommes de terre et les carottes, couvrir à nouveau, remettre au four et laisser cuire pendant environ 30 minutes de plus, jusqu'à ce que les pommes de terre et les carottes soient tendres. Découvrir et laisser cuire 10 minutes de plus, le temps que le cari épaississe. Servir avec du riz.

## Astuce du chef

Pour faire plus rapidement ce cari, remplacez les morceaux de poulet par un poulet cuit du commerce. En commençant par l'étape 2, suivez la recette et faites mijoter les pommes de terre et les carottes pendant environ 40 minutes dans le cari, jusqu'à ce qu'elles soient tendres. Ajoutez les morceaux de poulet cuit pendant les 10 dernières minutes de la cuisson.

## Astuce du chef

Pour un plat plus consistant,
ajoutez 250 g (½ lb) de pommes
de terre à bouillir, pelées et coupées en gros cubes, au cours des
20 dernières minutes de la cuisson. Le ragoût peut être préparé
deux jours à l'avance, couvert
et réfrigéré. Vous n'avez qu'à le
réchauffer à feu moyen-doux
juste avant de servir. Il est aussi
possible de le congeler pendant
un maximum de deux mois.

# Agneau braisé à l'indienne

**1** **Préparer le mélange aux aromates et aux épices**
Au mélangeur, combiner l'oignon, le gingembre, l'ail et le piment, et mélanger jusqu'à obtention d'une pâte. Dans un petit bol, mélanger ensemble la coriandre, la poudre de cari et la cannelle.

**2** **Saisir l'agneau**
Assaisonner l'agneau de 5 ml (1 c. à thé) de sel. Chauffer un faitout, ou une grande poêle à frire profonde, à feu élevé jusqu'à ce qu'il soit très chaud, puis ajouter 30 ml (2 c. à soupe) d'huile. Ajouter l'agneau en une seule couche et saisir, en procédant par lots au besoin, pendant 8 à 10 minutes, jusqu'à ce qu'il soit bruni et grillé de tous les côtés. Déposer l'agneau dans une assiette à l'aide d'une cuillère à rainures.

**3** **Braiser l'agneau**
Remettre la poêle sur le feu à intensité moyenne et ajouter 15 ml (1 c. à soupe) d'huile. Ajouter la pâte à base d'oignon et d'ail, et faire revenir jusqu'à ce qu'elle commence à brunir, soit environ 3 minutes. Incorporer le mélange à base d'épices et faire revenir pendant 10 secondes de plus. Ajouter 500 ml (2 tasses) d'eau et 5 ml (1 c. à thé) de sel. Amener à ébullition à un feu moyen-élevé, puis réduire à feu doux. Fouetter le yogourt en l'incorporant graduellement jusqu'à ce qu'il soit bien mélangé à la sauce. Remettre l'agneau dans la poêle, couvrir et laisser mijoter doucement de 60 à 70 minutes, jusqu'à ce qu'il soit tendre. Goûter et ajuster la quantité de sel. Servir avec du riz.

1 **oignon jaune** haché

30 ml (2 c. à soupe) de **gingembre** frais, haché

3 gousses d'**ail** hachées

1 **petit piment jalapeño rouge ou vert,** épépiné et finement haché

15 ml (1 c. à soupe) de **coriandre** moulue

5 ml (1 c. à thé) de **poudre de cari**

1 ml (¼ c. à thé) de **cannelle** moulue

1 kg (2 lb) d'**épaule d'agneau** désossée, coupée en gros cubes

**Sel**

45 ml (3 c. à soupe) d'**huile d'arachide** ou de **maïs**

375 g (1 tasse) de **yogourt nature**

**Riz vapeur** en accompagnement

**DONNE 4 PORTIONS**

# Porc braisé du Sichuan aux aubergines

60 ml (¼ tasse) d'**huile d'arachide** ou de **maïs**

750 g (1,5 lb) d'**épaule d'agneau** désossée, coupée en gros cubes

80 ml (⅓ tasse) de **sauce soja**

60 ml (¼ tasse) de **saké** ou de **sherry sec**

30 ml (2 c. à soupe) de **cassonade** fermement tassée

5 ml (1 c. à thé) de **poudre de cinq-épices**

2,5 ml (½ c. à thé) de **fécule de maïs**

250 g (½ lb) d'**aubergines asiatiques** coupées en cubes

4 tranches fines de **gingembre**

2 **oignons verts** finement tranchés

4 gousses d'**ail** hachées

**Riz vapeur** en accompagnement

DONNE 4 PORTIONS

## 1 Saisir le porc

Chauffer un faitout, ou une grande poêle à frire profonde, à feu élevé jusqu'à ce qu'il soit très chaud, puis ajouter 30 ml (2 c. à soupe) d'huile. Ajouter le porc en une seule couche et saisir, en procédant par lots au besoin, pendant 8 à 10 minutes, jusqu'à ce qu'il soit bruni et grillé de tous les côtés. À l'aide d'une cuillère à rainures, transférer le porc dans une assiette.

## 2 Braiser le porc et les aubergines

Dand un grand bol, mélanger ensemble 500 ml (2 tasses) d'eau, la sauce soja, le vin, la cassonade, la poudre de cinq-épices et la fécule de maïs. Remettre le faitout ou la poêle à feu élevé et ajouter 30 ml (2 c. à soupe) d'huile. Ajouter les aubergines et faire sauter jusqu'à ce qu'elles brunissent légèrement et commencent à amollir, pendant environ 5 minutes. À l'aide d'une cuillère à rainures, transférer les aubergines dans un bol. Remettre la poêle à feu moyen, ajouter le gingembre, 45 ml (3 c. à soupe) d'oignons verts et l'ail, puis faire sauter pendant environ 10 secondes, jusqu'à ce que le mélange embaume. Incorporer le mélange à base de sauce soja, amener à ébullition, puis incorporer le porc. Couvrir, réduire à feu bas et cuire jusqu'à ce que le porc soit tendre, de 60 à 70 minutes. Découvrir, ajouter les aubergines réservées, puis laisser mijoter pendant 10 à 15 minutes, jusqu'à ce que les aubergines soient tendres et que les saveurs se marient. Transférer dans un bol de service, garnir du reste des oignons verts et servir avec du riz vapeur.

## Astuce du chef

Les aubergines se présentent en une pléiade de tailles, formes et couleurs. La plus connue demeure l'aubergine commune, cette

grosse aubergine en forme de poire dont la peau est pourpre foncé, presque noir. Les aubergines asiatiques, souvent plus petites et plus minces, sont mauve foncé, lavande ou parfois blanches. Peu importe la variété que vous choisissez, recherchez les spécimens fermes et lourds pour leur grosseur, dont la peau est luisante et exempte de meurtrissures.

# Le chef futé

Inclure des plats asiatiques dans vos menus de la semaine est un excellent moyen de déposer sur votre table des mets délicieux et satisfaisants qui demandent peu de temps et d'efforts à préparer. Des sautés chinois aux caris indiens, en passant par les salades vietnamiennes, les saveurs fraîches et les méthodes de cuisson rapide des différentes cuisines asiatiques ne peuvent que séduire les chefs occupés.

La plupart des recettes de ce livre se préparent en moins de 30 minutes, surtout si vous respectez quelques règles très simples. Gardez toujours votre garde-manger bien garni et vous aurez sous la main tous les ingrédients de base pour la préparation de vos repas de la semaine. Élaborez des menus pour toute la semaine et dressez une liste d'épicerie détaillée. Vous ferez ainsi moins de visites à l'épicerie et y perdrez moins de temps. Dans les pages qui suivent, vous trouverez de précieux con-seils pour savoir comment gérer votre temps et bien approvisionner votre garde-manger. Ce ne sont rien de moins que les clés de la réussite pour préparer des repas délicieux et devenir un chef plus futé.

# Pour commencer

Une planification et une organisation minutieuses sont essentielles pour devenir un chef plus futé, qui sait préparer des repas à saveur asiatique sans passer de longues heures en cuisine ou à l'épicerie. Voici trois stratégies très simples qui vous faciliteront la vie : élaborer des menus pour la semaine, dresser une liste d'épicerie et approvisionner votre cuisine en ingrédients asiatiques indispensables aux recettes de ce livre (pages 105 et 106).

## Planifier des menus asiatiques

Pour tirer le meilleur parti de votre temps, élaborez vos menus à l'avance (consultez les exemples de menus de la page 98 pour avoir des idées). Choisissez attentivement vos recettes en tenant compte de la saison et de votre horaire.

■ **Planifier pour toute la semaine.** Au cours du week-end, prenez le temps de penser à la semaine qui vient. Une bonne stratégie à adopter, si vous souhaitez gagner du temps, est d'inclure dans vos menus une recette qui peut facilement être préparée en double, par exemple une soupe ou un cari, que vous pourrez servir à deux reprises pendant la semaine, ou dont une quantité pourra être congelée pour une autre semaine. Pensez à varier le type de recettes à inclure dans les menus, par exemple en choisissant un sauté pour un soir, puis un plat grillé pour le lendemain.

■ **Choisir les plats de la semaine en fonction de votre emploi du temps.** Lorsque vous connaissez vos engagements de la semaine, choisissez des plats que vous aurez le temps de cuisiner. Si possible, préparez certains éléments à l'avance, par exemple pendant le week-end ou lors d'une soirée de semaine plus tranquille.

■ **Au fil des saisons.** Les fruits et légumes de saison sont toujours plus savoureux, moins coûteux et ajoutent une touche saisonnière à votre cuisine (voir l'encadré). Les plats de fruits de mer, les salades et les nouilles froides sont parfaits pour les chaudes journées d'été, alors que les ragoûts et caris consistants conviennent mieux aux journées froides de l'hiver.

■ **Faire participer la maisonnée.** Demandez aux membres de votre famille de vous suggérer des plats. Ils seront plus enclins à essayer de nouveaux mets et risquent fort de les apprécier davantage. N'hésitez pas non plus à solliciter leur aide dans la préparation des repas. Que ce soit pour remuer soupes et sauces, laver et couper des légumes ou mettre la table, un petit coup de main est toujours apprécié.

### PENSER EN FONCTION DES SAISONS

Utiliser des légumes et fruits de saison est une garantie de fraîcheur et de saveurs exceptionnelles. Ce guide vous aidera à choisir les meilleures recettes en fonction de ce que chaque saison a à vous offrir.

**Printemps** Servez des plats principaux légers, des salades et des soupes préparées avec des jeunes pousses, des asperges, des fines herbes fraîches (comme la menthe et la coriandre), des poireaux, des oignons verts, des pommes de terre nouvelles et des pois mange-tout.

**Été** Utilisez le barbecue pour préparer fruits de mer, volaille ou viande, et servez-les avec des poivrons de toutes les couleurs, des aubergines, des concombres, des haricots verts, du basilic, des légumes-feuilles (comme la roquette et l'épinard), des pois mange-tout, des tomates et des courgettes.

**Automne** Intégrez le meilleur des récoltes dans vos menus, soit le brocoli, les poireaux, les champignons, les oignons, les pommes de terre, les citrouilles et les ignames.

**Hiver** Servez des ragoûts, des caris et des plats braisés qui mettent en valeur les saveurs de la courge musquée, du chou, de la carotte, du chou-fleur, du brocoli chinois, des légumes-feuilles comme la bette à carde et de la patate douce.

# Accompagnements

Plusieurs plats asiatiques s'accompagnent tout simplement de riz ou de nouilles de riz. Pourtant, n'hésitez pas à ajouter des légumes, une salade ou une soupe. Voici quelques suggestions qui vous aideront à élaborer des menus simples.

**Riz** Pour préparer un riz à la noix de coco, remplacez un quart du liquide de cuisson par du lait de coco non sucré. Pour un riz aux herbes, incorporer des fines herbes fraîches hachées, comme le basilic, la menthe ou la coriandre. Pour un riz au citron, incorporer du jus de citron frais, du beurre doux fondu et une pincée de sel. Pour apprêter un riz épicé, cuire le riz avec 15 ml (1 c. à soupe) de beurre doux et, au choix, 3 tranches de gingembre frais, 2 clous de girofle entiers, quelques graines de cumin ou 1 bâton de cannelle.

**Légumes vapeur ou bouillis** Cuisez à la vapeur ou dans l'eau bouillante des asperges, du brocoli, des carottes, des haricots verts ou du chou-fleur que vous pourrez ensuite servir à la température ambiante. Ajoutez un trait de sauce soja, quelques gouttes d'huile de sésame ou encore d'huile de maïs ou d'arachide réchauffée, et quelques graines de cumin ou un peu de zeste d'orange. Saupoudrez de noix de cajou hachées ou de graines de sésame grillées.

**Légumes grillés** Badigeonnez d'huile des aubergines en tranches épaisses, des courgettes coupées en deux ou des shiitakes, saupoudrez de sel et cuisez sur la cuisinière dans une poêle à fond cannelé ou sous le grilloir du four. Servez avec des quartiers de citron.

**Légumes légèrement marinés** Immergez des germes de soja dans une eau chaude salée pendant environ 10 minutes, égouttez et assaisonnez de vinaigre de riz, de sucre et d'oignons verts hachés. Ou encore, mélangez des tranches de concombre avec du vinaigre de riz, de la sauce soja, du sucre et de l'oignon rouge en fines tranches.

**Légumes caramélisés** Faites sauter une courge d'hiver, une aubergine en cubes ou des champignons en tranches dans de l'huile avec du gingembre haché, jusqu'à ce que les légumes soient dorés. Mélangez des quantités égales de sauce soja, de cassonade et de vinaigre de riz ; incorporer aux légumes et réduire pour dorer.

**Légumes-feuilles sautés** Faites revenir de l'ail finement tranché jusqu'à ce qu'il soit grillé et doré. Ajoutez des légumes-feuilles vert foncé, par exemple des épinards, du cresson, du brocoli chinois ou du bok-choy, ajoutez un peu de bouillon et faites sauter jusqu'à ce qu'ils soient tendres. Terminez en ajoutant un peu d'huile de sésame, du sel et du poivre.

**Salade de poulet** Retirez la peau et désossez un poulet rôti du commerce, puis déchirez en lanières. Mélangez à du chou nappa râpé, des carottes râpées et des oignons rouges en tranches. Ajouter une vinaigrette à la sauce soja et des graines de sésame grillées.

**Nouilles en salade** Cuisez des nouilles soba ou des nouilles aux œufs et ajoutez du chou et des carottes finement râpés tout juste avant d'égoutter les nouilles. Ajoutez une vinaigrette au sésame ou aux arachides du commerce et saupoudrez d'oignons verts ou de coriandre hachée.

**Salade de cresson** Dans un grand bol, fouettez ensemble de l'huile d'arachide ou de maïs, du vinaigre de riz ou du jus de citron frais, quelques gouttes d'huile de sésame, du sel et du poivre fraîchement moulu. Ajoutez des tiges de cresson, des quartiers de tomate et des œufs cuits dur en tranches fines, puis mélangez délicatement.

**Boissons** Infusez votre limonade ou votre thé glacé de tiges de citronnelle ou de tranches de gingembre écrasées. Agrémentez le soda gingembre de tiges de menthe et de tranches de lime. Mélangez ensemble 1 tasse de yogourt nature et 1 mangue, liquéfiez le mélange avec un peu d'eau au besoin, et voici une sauce *lassi* rapidement réalisée pour accompagner vos plats indiens.

**Desserts** Les fruits de saison, comme les oranges, les ananas ou les kakis, complètent merveilleusement bien tout repas asiatique. Pour une gâterie toute spéciale, garnissez un bol de crème glacée au gingembre de tranches de mangue, ajoutez des quartiers de pamplemousse rose et de mandarine à un sorbet à la lime servi dans un verre sur pied ou servez des tranches de bananes sautées avec une tranche de gâteau quatre quarts et de la crème glacée à la noix de coco.

# Exemples de menus

Les menus EN UN TOUR DE MAIN se préparent rapidement et facilement. Ceux de ON REÇOIT sont réservés aux occasions spéciales, mais n'exigent pas de passer des heures dans la cuisine.

| EN UN TOUR DE MAIN | ON REÇOIT |
|---|---|
| **Bœuf au gingembre et aux oignons caramélisés** (page 14) Asperges sautées à la sauce soja Riz vapeur | **Filet de porc rôti à la sauce soja et au miel** (page 84) Courge musquée glacée au gingembre Nouilles aux œufs chinoises fraîches à la sauce soja |
| **Crevettes au piment et à l'ail** (page 22) Pois mange-tout sautés aux oignons verts Nouilles aux œufs chinoises fraîches | **Saumon saisi au basilic** (page 29) Juliennes de courgettes et de courges sautées Riz au citron |
| **Katsu de porc japonais** (page 34) Salade de chou avec vinaigrette au saké Riz vapeur | **Agneau braisé à l'indienne** (page 91) Chou-fleur sauté Riz basmati à la coriandre |
| **Poulet aux noix de cajou** (page 10) Brocoli vapeur aux graines de sésame Riz vapeur | **Crevettes thaïes au cari vert** (page 68) Salade de concombre et d'oignon rouge avec vinaigrette au vinaigre de riz Riz vapeur |
| **Bar commun au gingembre et aux oignons verts** (page 45) Bok-choy vapeur Riz vapeur | **Poulet vietnamien grillé** (page 79) Aubergines rôties à la sauce soja et au basilic Riz aux herbes |

## INGRÉDIENTS DE « RACCOURCIS »

Les supermarchés proposent une sélection de plus en plus impressionnante d'ingrédients asiatiques pratiques. Vous y trouverez aussi des ingrédients, comme ceux proposés ici, qui contribuent à vous faire gagner du temps dans la cuisine.

**Légumes précoupés** On retrouve souvent, dans le rayon des fruits et légumes, des légumes précoupés, dont des mélanges parfaits pour la cuisine asiatique. Recherchez des cubes de courge d'hiver pour les caris, des mélanges pour les salades de chou et les plats de pâtes ; ou encore des poivrons en tranches, des fleurons de brocoli et des champignons tranchés pour les sautés.

**Légumes-feuilles prélavés** Achetez des laitues, des jeunes pousses d'épinard et de la roquette pour les salades mélangées, et des feuilles de moutarde et d'épinard pour préparer des sautés rapidement.

**Sauces préparées** Des sauces au sésame, ou aux arachides et des vinaigrettes à la sauce soja pour gagner du temps, à incorporer dans des recettes. Lisez les étiquettes pour vous assurer qu'elles contiennent le minimum d'additifs. Une fois à la maison, rectifiez les assaisonnements des sauces en pot en y ajoutant les saveurs qui vous plaisent le plus.

**Viandes précoupées** Acheter des filets de poitrine de poulet, du porc en cubes et du bœuf en tranches permet de réduire le temps de préparation. Vous pouvez aussi acheter de grosses coupes de viande et demander à votre boucher de trancher la viande pour vous. À la maison, séparez les tranches en portions pratiques et congelez-les pour d'éventuels repas. Vous économiserez ainsi temps et argent. La tendre viande de la longe est parfaite pour la cuisson rapide, alors que les coupes dans l'épaule et la jambe, qui sont plus coriaces, exigent une cuisson plus longue.

# Faire des courses futées

Pour obtenir des plats sains et savoureux, choisissez toujours des fruits et légumes de saison de la meilleure qualité. Même si les recettes de ce livre requièrent des ingrédients que vous trouverez normalement dans la plupart des supermarchés, une visite à l'épicerie asiatique, chez le boucher ou le poissonnier, ou dans une épicerie fine vous permettra de trouver une sélection encore plus vaste et de découvrir des saveurs encore plus authentiques.

**Fruits et légumes frais** Si vous vivez et travaillez à proximité d'un marché public, visitez-le régulièrement ; vous obtiendrez les meilleurs produits de saison. Choisissez des fruits et des légumes qui sont lourds pour leur taille. Évitez les meurtrissures et les tiges sèches et décolorées. Les feuilles des légumes-feuilles et des fines herbes doivent être croustillantes et de couleur vive. Les pommes de terre, les courgettes, les aubergines et les oignons doivent avoir une peau lisse et douce, mais aussi une chair ferme. Chaque fois que c'est possible, évitez les fruits et légumes qui ne sont pas de saison ou importés, qui sont souvent cueillis bien avant d'être mûrs afin de survivre aux délais d'expédition, et qui sont souvent plus coûteux et moins savoureux que les produits cultivés dans votre région.

**Viandes et volailles** Lorsque vous achetez des viandes ou des volailles préemballées, choisissez des emballages sans liquide dans le fond. Les viandes doivent être de couleur uniforme, avoir une texture et une odeur fraîches. Le gras doit être blanc et non pas gris, et les os, le cas échéant, doivent avoir l'air humide. La volaille doit être ventrue, sa peau lisse et sa chair ferme. Tout gras visible doit être blanc à jaune pâle. Si vous faites une recette avec de la viande ou de la volaille désossée, demandez à votre boucher de s'en charger. Vous en aurez moins à faire à la maison.

**Poisson, mollusques et crustacés** Achetez toujours vos fruits de mer d'un fournisseur fiable puisqu'ils sont très périssables. Achetez toujours ce qui est le plus frais. Recherchez une couleur vive, une surface lisse et humide, et une texture ferme. Évitez les poissons qui retiennent l'empreinte lorsqu'on y enfonce légèrement le doigt, et les poissons, mollusques ou crustacés qui dégagent une odeur âcre. Planifiez bien vos repas afin d'apprêter les poissons et fruits de mer le jour même de l'achat.

**Bouillons** Les bouillons de bonne qualité se vendent en conserve ou en boîte, ils sont sur les tablettes de la plupart des supermarchés. Sur les étiquettes, recherchez une courte liste d'ingrédients qui contient le moins d'additifs possible. Plusieurs épiceries fines vendent leurs propres bouillons frais ou congelés.

---

## DRESSER UNE LISTE D'ÉPICERIE

**Dresser à l'avance** Dressez votre liste d'épicerie dès que vous avez élaboré vos menus hebdomadaires. Relisez les recettes lorsque vous dressez la liste ; vous saurez ce dont vous avez besoin. Faites le tour du garde-manger et inscrivez tout ce dont vous manquez.

**Créer un modèle** Élaborez un modèle de liste d'épicerie à l'ordinateur. Vous simplifierez ainsi le processus et établirez un rituel. En plus, vous pourrez facilement relire, modifier et partager votre liste.

**Utiliser des catégories** Divisez votre liste en sections qui correspondent aux allées ou sections de votre supermarché, par exemple les fruits et légumes, la viande et les fruits de mer, les produits laitiers et les articles du garde-manger. Vous passerez moins de temps dans les allées et, si vous faites les courses accompagné, vous pourrez diviser la liste avec les autres membres de la famille pour gagner du temps.

**Être flexible** Soyez prêt à changer vos menus en fonction des ingrédients les plus frais offerts au marché.

**Conserver vos listes** Identifiez les listes d'épicerie qui comprennent vos recettes préférées, puis rangez-les pour pouvoir les réutiliser. Vous gagnerez ainsi davantage de temps une prochaine fois.

# Ustensiles et techniques

La cuisine asiatique n'exige pas nombre de gadgets. Pourtant, si vous avez à portée de la main certains ustensiles ou des appareils pratiques, vous pourrez amener les recettes du livre à la table beaucoup plus facilement et rapidement. Puisque le nettoyage de l'équipement peut aussi prendre beaucoup de temps, choisissez intelligemment vos petits électro-ménagers. Avoir à portée de la main des ustensiles polyvalents et de bonne qualité, et maîtriser quelques techniques de base sont des investissements qui se transformeront en heures économisées dans la cuisine.

## Outils économiseurs de temps

■ **Mélangeur** Un mélangeur permet de mélanger rapidement les ingrédients aromatiques et de préparer des pâtes ou des sauces. Lorsque vous mélangez des ingrédients presque secs, ajoutez un peu d'eau ou d'huile pour aider les lames à tourner librement.

■ **Robot culinaire** Cet appareil est toujours utile pour préparer des purées ou pour trancher et râper des légumes. Un modèle d'une capacité d'un litre (4 tasses) ou moins peut être pratique pour mélanger sauces et marinades.

■ **Ciseaux de cuisine** Les fines herbes fraîches, les oignons verts, les piments et les champignons séchés ne sont que quelques ingrédients qui peuvent être rapidement coupés avec des ciseaux de cuisine. Les cisailles, qui sont dotées d'une lame crantée, permettent de couper les légumes les plus durs et les petits os.

■ **Mandoline** Constituée d'un cadre rectangulaire et long, d'une lame avec un rebord lisse et dentelé et d'une plaque guide, cet instrument facile à utiliser tranche uniformément fruits et légumes en un simple mouvement de la main. Des lames pour tailler des frites et des juliennes sont aussi offertes.

■ **Zesteur-râpe** Ressemblant à une longue lime très acérée avec un manche solide, cet instrument en acier inoxydable permet de râper facilement et rapidement le gingembre frais et le zeste des agrumes.

■ **Cuiseur à riz** Cet appareil électrique de comptoir cuit le riz uniformément. Vous pouvez choisir un modèle simple à un seul bouton, ou encore un modèle plus sophistiqué qui permet de cuire plusieurs variétés de riz ou de déterminer le moment de la cuisson. Certains modèles ont même une mémoire qui retient la texture de riz que vous aimez. D'autres se convertissent facilement en étuveuse à légumes.

---

### CHOISIR UNE BATTERIE DE CUISINE

**Wok** Un grand wok d'au moins 35 cm (14 po) de diamètre convient parfaitement aux sautés. Sa forme profonde laisse amplement de place pour remuer et contribue à concentrer la chaleur élevée nécessaire à la cuisson rapide. Un wok avec une surface antiadhésive nécessite moins d'huile et est plus facile à nettoyer. Un wok en acier centrifugé, le choix traditionnel, devrait être huilé avant sa première utilisation (voir l'encadré de droite). Évitez de laver votre wok au savon pour préserver l'enduit d'huile naturelle qui se développe avec le temps.

**Poêle à frire** Toutes les poêles à frire profondes et de large diamètre peuvent être utilisées pour les sautés. Les poêles avec un fond épais permettent de saisir plus uniformément les ingrédients et de mieux maintenir une chaleur élevée au fur et à mesure que vous ajoutez les ingrédients.

**Faitout** Cette grande casserole ronde ou ovale à fond épais et dotée d'un couvercle et de deux poignées en anse sert à la cuisson lente sur la cuisinière ou au four.

**Marmite** Une grande marmite est essentielle pour la cuisson des pâtes. Recherchez une marmite couplée avec une passoire qui permet d'égoutter les nouilles facilement, ainsi qu'un accessoire perforé qui permet de l'utiliser comme marmite à vapeur.

Produit essentiel de la cuisine asiatique, le riz à grain long comme le riz au jasmin et le riz basmati cuit peut atteindre une texture légère et sèche, alors que les riz à grain court et moyen, populaires dans les plats japonais, sont plus mous et humides. Évitez le riz précuit et le riz étuvé puisqu'ils manquent de saveur et n'ont pas la texture adéquate pour être servis avec les mets asiatiques.

Le rapport eau/riz varie selon le type de riz, mais voici quand même un mode d'emploi général pour la cuisson du riz sur la cuisinière : pour obtenir 470 g (3 tasses) de riz cuit, passez 220 g (1 tasse) de riz au tamis et rincez jusqu'à ce que l'eau soit claire. Déposez le riz dans une casserole à fond épais et ajoutez 375 ml (1½ tasse) d'eau. Amenez à ébullition, remuez rapidement, réduire à feu doux, couvrez et laissez cuire sans remuer pendant 20 minutes. Laissez reposer, à couvert, pendant 10 minutes, puis gonflez à la fourchette avant de servir. Cuisez deux fois plus de riz que vous n'en avez besoin et réfrigérez le surplus pendant deux jours ou congelez-le pendant un maximum d'un mois.

Huiler un wok permet de «sceller» pour que les aliments ne collent pas à la surface. Pour huiler un wok neuf, nettoyez-le à l'eau chaude et au savon doux, puis placez-le sur la cuisinière à feu moyen pour le réchauffer. Enduisez ensuite un papier essuie-tout d'huile de canola ou d'une autre huile douce et frottez-en toute la surface du wok. Réduire à feu doux et laissez chauffer pendant 15 minutes.

# Techniques de base

**Couper les légumes** Les ingrédients coupés en formes et tailles similaires conviennent parfaitement aux temps de cuisson courts à feu vif. Préparez tous les légumes d'une recette avant de commencer à cuisiner. Coupez-les en bouchées, en tenant compte du fait que plus un légume est dense, plus il cuit lentement. Les tranches fines en diagonale maximisent la surface de contact, ce qui réduit le temps de cuisson, tout en ajoutant un attrait visuel.

**Agrumes à jus** Les oranges, les citrons et les limes sont plus faciles à presser et donnent plus de jus lorsqu'ils sont à la température ambiante. Si vous les prenez directement du réfrigérateur, déposez-les au micro-ondes pendant 20 secondes avant d'en extraire le jus. Ils libéreront aussi plus de jus si vous les roulez d'abord fermement sur le comptoir afin d'amollir leurs membranes intérieures.

**Trancher la viande** Pour les sautés, coupez la viande contre le sens du grain, en très fines tranches, pour plus de tendreté et pour accélérer le temps de cuisson. Pour trancher plus facilement la viande, congelez-la pendant 30 minutes avant de la trancher, ou demandez à votre boucher de la trancher pour vous au moment de l'achat.

**Préchauffer les poêles** Assurez-vous que la poêle à frire est chaude avant d'y déposer fruits de mer, volaille, viande ou légumes. Une poêle froide ralentira le temps de cuisson et compromettra la texture finale des aliments (même remarque pour le wok).

**Épaissir avec de la fécule de maïs** Ajoutez un peu de fécule de maïs dissoute dans un liquide froid (1 part de fécule de maïs pour 4 parts de liquide) dans la poêle pour obtenir une sauce translucide. Règle générale, 5 ml (1 c. à thé) de fécule de maïs peut épaissir 250 ml (1 tasse) de liquide mijotant pour le transformer en sauce légèrement épaisse. Pour empêcher les grumeaux, utilisez un liquide froid et incorporez toujours le mélange pour bien le combiner tout juste avant de l'ajouter dans la poêle. Ne faites pas bouillir plus de 5 minutes ; la fécule perdrait de son effet et la sauce redeviendrait liquide.

**Réchauffer le riz** Pour réchauffer des restes de riz conservés au réfrigérateur ou au congélateur (voir La cuisson du riz, à gauche), placez-le dans le cuiseur à riz ou dans un panier cuit-vapeur ou dans une casserole, sur la cuisinière, avec une petite quantité d'eau ; couvrez et laissez sur le feu jusqu'à ce qu'il soit chaud. Vous pouvez aussi le déposer dans un bol, l'humidifier légèrement et le faire chauffer au micro-ondes pendant 1 à 2 minutes, en ne mélangeant qu'une seule fois.

# Une cuisine bien garnie

Cuisinier intelligemment est une question de préparation. Si votre garde-manger, votre réfrigérateur et votre congélateur sont judicieusement remplis et rangés, vous aurez besoin de moins de temps au moment de cuisiner vos repas. Sachez ce que vous avez sur les tablettes et faites toujours les courses avec votre liste d'épicerie pour éviter les visites inutiles dans les magasins et passer moins de temps à errer dans les allées.

Dans les pages qui suivent, vous trouverez un guide sur la sélection et la conservation des ingrédients dont vous avez besoin pour réaliser les savoureuses recettes asiatiques de ce livre. Vous découvrirez également des conseils à la douzaine sur les façons de conserver les aliments frais, sur l'approvisionnement du garde-manger et sur les façons de faire les courses efficacement. Prenez dès maintenant du temps pour organiser votre cuisine et garnir vos tablettes. Vous pourrez ainsi réaliser n'importe quelle recette de ce livre en ayant seulement besoin d'acheter quelques ingrédients frais.

# Le garde-manger

Votre garde-manger est l'endroit où vous rangez les aliments secs, en conserve et en pot, ainsi que quelques ingrédients frais qui n'ont pas besoin d'être réfrigérés comme les oignons, l'ail et les échalotes. Le garde-manger est normalement constitué d'une ou de plusieurs armoires. C'est un endroit sec et sombre, à l'abri de la chaleur de la cuisinière. Il doit aussi être bien rangé pour que vous puissiez rapidement trouver les ingrédients dont vous avez besoin lorsque vous êtes dans le feu de l'action.

## Remplir le garde-manger

- **Faire l'inventaire.** Sortez tout du garde-manger et rangez par type, à l'aide de la liste des musts du garde-manger (voir l'encadré de la page suivante).

- **Repartir à neuf.** Nettoyez les tablettes avec un linge humide.

- **Vérifier la fraîcheur.** Vérifiez les dates de péremption de tous les ingrédients. Jetez ceux dont la date est passée, et prenez note de ceux dont elle approche. Inscrivez la date d'achat sur les emballages qui ne comportent pas de date de péremption.

- **Dresser une liste.** Faites une liste des aliments que vous devez remplacer ou acheter en plus grande quantité.

- **Organiser les tablettes.** Replacez les articles sur les tablettes, en les regroupant par type, et en plaçant ceux que vous utilisez le plus souvent à l'avant. Pour conserver les huiles, vinaigres et épices frais et savoureux le plus longtemps possible, rangez-les dans des contenants hermétiques à l'endroit le plus sombre et le plus frais du garde-manger.

## Le garder bien rangé

- **Vérifier les must.** Jetez un coup d'œil aux recettes de vos menus et assurez-vous que vous avez tous les ingrédients nécessaires.

- **Dresser une liste.** Vérifiez régulièrement les ingrédients que contient votre garde-manger et ajoutez ceux qui sont épuisés à votre liste.

- **Faire la rotation des articles.** Placez les articles les plus récemment achetés au fond des tablettes, et déplacez les articles les plus vieux vers l'avant pour qu'ils soient utilisés en premier.

---

### INGRÉDIENTS ASIATIQUES

La plupart des ingrédients de ce livre sont disponibles dans la plupart des supermarchés. Pourtant, peut-être ne les reconnaîtrez-vous pas tous. Recherchez les ingrédients suivants dans les grands supermarchés et les épiceries asiatiques.

**Pâte de cari** Base de cari thaï préparée, souvent verte ou rouge.

**Sauce de poisson** Assaisonnement salé à l'odeur âcre fait avec des anchois, du sel et de l'eau.

**Sauce hoisin** Sauce sucrée et piquante faite à partir de haricots de soja fermentés.

**Poudre de cinq-épices** Mélange d'épices qui contient normalement de la cannelle, de l'anis étoilé, du fenouil, du poivre du Sichuan et des clous de girofle.

**Mirin** Vin de cuisson sucré à base de riz.

---

### ÉPICES

Les épices commencent à perdre leur saveur après environ six mois. Il est donc important de les acheter en petites quantités. Plusieurs épiceries ont maintenant un rayon de vrac qui offre une grande variété d'épices. Vous pouvez donc choisir la quantité à acheter, soit celle que vous utiliserez rapidement.

## L'ORGANISATION DU GARDE-MANGER

**Riz et nouilles sèches** Rangez le riz dans des contenants hermétiques pendant un maximum de 3 mois, sans oublier de vérifier à l'occasion les signes de rancissement ou d'infestation. La durée de vie de la plupart des nouilles sèches est d'un an. Même s'il n'est nullement dangereux de les manger au-delà de cette période, elles auront perdu leur saveur et seront peut-être devenues friables. Une fois le sceau de l'emballage rompu, transférez les quantités inutilisées dans un sac réutilisable ou dans un contenant hermétique, puis rangez-les.

**Huiles** Rangez les bouteilles non ouvertes dans un lieu frais et sombre. Elles se garderont jusqu'à un an, mais perdent de leur saveur avec le temps. Une fois ouverte, une bouteille peut être conservée à la température ambiante pendant 3 mois, ou au réfrigérateur pendant plusieurs mois. Goûtez ou sentez les huiles avant de les utiliser pour vous assurer qu'elles ne sont pas rances.

**Aliments frais du garde-manger** Vérifiez souvent les aliments frais du garde-manger — agrumes, ail, oignons, échalotes et certains légumes-racines et tubercules — à l'occasion pour vérifier s'ils ont germé ou sont gâtés, et jetez au besoin. Ne rangez jamais pommes de terre et oignons ensemble ; la proximité leur fait produire des gaz qui accélèrent la détérioration.

**Aliments en conserve** Jetez les aliments en conserve si la boîte montre des signes de gondolement ou d'expansion. Une fois une conserve ouverte, transférez le contenu inutilisé dans un contenant hermétique, et rangez au réfrigérateur ou au congélateur.

**Fines herbes et épices sèches** Achetez-les en petites quantités, rangez-les dans des contenants étanches et utilisez-les dans les six mois puisqu'elles perdront ensuite de leur saveur.

## LES MUST DU GARDE-MANGER

### RIZ ET NOUILLES

nouilles aux œufs épaisses

nouilles aux œufs fines

nouilles de riz fines

nouilles de riz larges

nouilles de verre

riz à grain long

vermicelles de riz

### ÉPICES

cannelle moulue

coriandre moulue

grains de poivre noir

poudre de cari

poudre de cinq-épices

sel

### HUILES ET VINAIGRES

huile de maïs ou d'arachide

huile de sésame

vinaigre de riz

### SAUCES ET CONDIMENTS

ketchup

moutarde forte

pâte de cari rouge

pâte de cari verte

concentré de tomate

sauce chili (Sriracha) ou aux piments

sauce aux huîtres

sauce de poisson

sauce hoisin

sauce soja

sauce Worcestershire

### ÉDULCORANTS

cassonade

miel

sucre granulé

### SPIRITUEUX

mirin

saké

sherry sec

### ALIMENTS EN CONSERVE

bouillon de poulet

lait de coco non sucré

pois chiches

### ALIMENTS FRAIS

ail

échalotes

gingembre

limes

oignons jaunes

pommes de terre

tomates

### DIVERS

arachides grillées

beurre d'arachides crémeux

chapelure

fécule de maïs

farine

graines de sésame

noix de cajou grillées

*panko* (chapelure japonaise)

shiitakes séchés

# Le réfrigérateur et le congélateur

Un réfrigérateur et un congélateur remplis d'une bonne sélection d'ingrédients de bonne qualité sont essentiels à une cuisine bien organisée. Le réfrigérateur est parfait pour conserver les fruits et légumes frais, la viande, la volaille et les fruits de mer… mais aussi quelques restes. Le congélateur conservera la saveur et les nutriments de la plupart des aliments, comme les crevettes, et permet de conserver longtemps plusieurs plats cuisinés comme les soupes et les caris.

## Conseils d'ordre général

- Les aliments perdent leur saveur lorsqu'ils sont réfrigérés. Un rangement adéquat à une température uniforme de moins de 5 °C (40 °F) est donc essentiel.

- Congelez les aliments à -18 °C (0 °F) ou moins pour qu'ils conservent leur couleur, leur texture et leur saveur.

- Ne remplissez pas trop le réfrigérateur ou le congélateur. L'air doit pouvoir y circuler librement pour que les aliments soient uniformément refroidis.

- Pour empêcher les brûlures de congélation, n'utilisez que des emballages à l'épreuve de l'humidité comme le papier d'aluminium, les contenants en plastique hermétiques et les sacs de plastique réutilisables.

## La conservation des restes

- Vous pouvez conserver la plupart des plats cuisinés comme les sautés, les caris et les soupes au réfrigérateur, dans un contenant hermétique, pendant un maximum de 4 jours, ou jusqu'à 2 mois au congélateur.

- Laissez les aliments refroidir à la température ambiante avant de les ranger au réfrigérateur ou au congélateur. Transférez les aliments refroidis dans un contenant en plastique ou en verre hermétique, en laissant de la place pour l'expansion si vous prévoyez les congeler. Ou encore, déposez les aliments refroidis dans un sac de plastique réutilisable en éliminant autant d'air que possible avant de le fermer.

- Congelez les soupes et les caris en petites quantités pour pouvoir n'en décongeler qu'une ou deux portions. N'oubliez pas de ne pas trop remplir les contenants puisque le contenu prendra de l'expansion en congelant.

- Décongelez les aliments congelés au réfrigérateur pendant la nuit ou au micro-ondes si vous êtes pressé. Pour éviter la contamination bactérienne, ne décongelez jamais à la température ambiante.

Râpez du gingembre frais et congelez-le en petites quantités grâce aux bacs à glaçons. Une fois congelés, transférez les cubes dans des sacs réutilisables ou dans des contenants hermétiques et conservez-les jusqu'à un mois.

Lorsque vous préparez des recettes qui exigent de faire mariner viande ou volaille comme première étape, doublez la quantité de viande et de marinade, puis congelez la deuxième moitié pour un autre repas.

Congelez le lait de coco ou le bouillon inutilisé dans des petits sacs réutilisables ou dans des contenants hermétiques.

Les paquets de poivrons tranchés, de pois, de courges et des haricots verts sont de bons dépanneurs pour préparer un repas équilibré à la dernière minute.

À l'épicerie, achetez des crevettes ou des filets de poisson surgelés individuellement; ils décongèleront plus rapidement. Recherchez les emballages exempts de cristaux de glace et choisissez ceux qui sont dans la partie la plus froide du congélateur. Déposez-les dans votre panier d'épicerie juste avant de passer à la caisse et rangez-les dans votre congélateur le plus rapidement possible.

Pour décongeler les crevettes au moment de les cuisiner, laissez-les tremper dans de l'eau tiède pendant 10 minutes. Les filets de poisson peuvent souvent être cuits au four ou à la vapeur alors qu'ils sont surgelés; ajoutez tout simplement 3 à 5 minutes au temps de cuisson, selon l'épaisseur du filet.

# Conservation des fines herbes fraîches et des légumes frais

- Coupez l'extrémité des tiges de coriandre, déposez la botte dans un verre d'eau, déposez un sac de plastique de manière lâche sur les feuilles et réfrigérez. Emballez les autres fines herbes fraîches dans un linge humide, glissez-les dans un sac de plastique et rangez-les dans le bac à légumes. Rincez et coupez les tiges juste avant de les utiliser.

- Rincez les légumes-feuilles, comme la bette à carde ou l'épinard, essorez ou asséchez, emballez dans un linge humide et rangez dans un sac de plastique réutilisable, dans le bac à légumes.

- Règle générale, rangez les autres légumes dans des sacs réutilisables, dans le bac à légumes, et rincez-les avant de les utiliser. Les légumes les plus résistants se conservent un maximum d'une semaine, alors que les plus délicats ne survivent que quelques jours.

- Conservez les tomates et les aubergines à la température ambiante dans un lieu frais et sec.

- Coupez les extrémités des tiges d'asperge, déposez-les dans un contenant d'eau et rangez-les au réfrigérateur pendant un maximum d'une semaine.

- Pour éviter les meurtrissures, rangez les produits frais délicats comme les fines herbes et les laitues dans une section du réfrigérateur séparée des légumes lourds comme les carottes, les choux et les haricots verts.

# Conservation de la viande, de la volaille et des fruits de mer

- Les fruits de mer périssent très rapidement. Gardez-les réfrigérés en tout temps, jusqu'à ce que vous soyez prêt à les utiliser, et tentez de les cuisiner le jour même de leur achat. Si vous utilisez des moules ou des palourdes, déposez-les dans un bol, couvrez-les d'un linge humide et utilisez-les au plus tard le lendemain.

- Placez les viandes ou volailles préemballées dans une grande assiette ou sur un grand plateau dans la partie la plus froide du réfrigérateur et utilisez-les dans les deux jours suivant l'achat.

- Si vous n'utilisez pas toute la viande ou la volaille de l'emballage, jetez l'emballage original et réemballez dans un nouvel emballage. Rangez au réfrigérateur ou congelez pour utilisation ultérieure.

# Index

Catalogage avant publication de Bibliothèque et Archives
nationales du Québec et Bibliothèque et Archives Canada

Kingsley, Farina Wong

    Asiatique

    (Cuisine rapide)

    Traduction de : Asian.

    Comprend un index.

    ISBN 978-2-89654-058-7

    1. Cuisine asiatique. 2. Cuisine rapide. I. Titre.

TX724.5.A1K5614 2009     641.595     C2008-941839-5

POUR L'AIDE À LA RÉALISATION DE SON PROGRAMME ÉDITORIAL,
L'ÉDITEUR REMERCIE :
Le gouvernement du Canada par l'entremise du Programme d'aide au
    développement de l'industrie de l'édition (PADIÉ) ; la Société de dé-
    veloppement des entreprises culturelles (SODEC) ; l'Association pour
    l'exportation du livre canadien (AELC).
Le gouvernement du Québec – Programme de crédit d'impôt pour
    l'édition de livres – Gestion SODEC.

Titre original : *Asian*
Copyright © 2007 par Weldon Owen Inc. et Williams-Sonoma, Inc.
Tous droits réservés, y compris le droit de reproduire, en tout ou en
partie, sous quelque forme que ce soit.

Pour la version en langue française :
Copyright © Broquet inc., Ottawa 2009
Dépôt légal – Bibliothèque et Archives nationales du Québec
1er trimestre 2009

Traduction Anne-Marie Courtemanche
Révision Andrée Laprise, Denis Poulet
Infographie Chantal Greer, Sandra Martel

Imprimé à Singapour
ISBN 978-2-89654-058-7

REMERCIEMENTS

Weldon Owen souhaite remercier les personnes suivantes pour
leur généreux soutien dans la production de ce livre : Heather Belt,
Ken DellaPenta, Judith Dunham, Marianne Mitten, Sharon Silva et
Jason Wheeler.

UNE NOTE SUR LES POIDS ET LES MESURES
Toutes les recettes indiquent les mesures impériales et métriques. Les
conversions métriques s'inspirent d'une norme élaborée pour ce type
d'ouvrage, et ont été arrondies. Les poids réels peuvent varier.